互联网视域下
高校心理健康教育模式发展研究

赵琳　著

重庆大学出版社

内容提要

本书首先对心理健康教育进行详细介绍,然后从大学生心理健康教育的发展状况、互联网发展与心理健康教育、互联网视域下的大学生心理健康、基于"互联网视域"的大学生心理健康模式发展、大学生互联网道德心理及素质提升五个部分展开研究。本书探讨互联网与高校心理健康的关系,对大学生网络心理和各项行为问题的形成与特点进行分析和研究,在分析研究对象的基础上构建起高校互联网心理健康教育各种实践操作模块。本书既有对心理健康教育理论的深入探析,又有实践、操作等方面的总结,内容丰富,具有针对性、实用性和前瞻性,注重实证性、定量化研究。

图书在版编目(CIP)数据

互联网视域下高校心理健康教育模式发展研究 / 赵琳著. -- 重庆:重庆大学出版社,2019.11

ISBN 978-7-5689-1861-9

Ⅰ. ①互… Ⅱ. ①赵… Ⅲ. ①互联网络—应用—大学生—心理健康—健康教育—教育模式—研究—中国 Ⅳ. ①G444-39

中国版本图书馆 CIP 数据核字(2019)第 240054 号

互联网视域下高校心理健康教育模式发展研究

HULIANWANG SHIYU XIA GAOXIAO XINLI JIANKANG JIAOYU MOSHI FAZHAN YANJIU

赵 琳 著

策划编辑:鲁 黎

责任编辑:文 鹏 童佳霞 版式设计:鲁 黎

责任校对:谢 芳 责任印制:张 策

*

重庆大学出版社出版发行

出版人:饶帮华

社址:重庆市沙坪坝区大学城西路 21 号

邮编:401331

电话:(023)88617190 88617185(中小学)

传真:(023)88617186 88617166

网址:http://www.cqup.com.cn

邮箱:fxk@cqup.com.cn(营销中心)

全国新华书店经销

重庆升光电力印务有限公司印刷

*

开本:787mm×1092mm 1/16 印张:10.75 字数:206 千

2019 年 11 月第 1 版 2019 年 11 月第 1 次印刷

ISBN 978-7-5689-1861-9 定价:58.00 元

前 言

随着我国科技的飞速发展，互联网已经在人们日常生活中日益普及，这不仅包含了社会生活，还包含了学生生活。但基于互联网监管不健全等因素，互联网在给人们带来便捷的同时，也带来了一定的负面影响，尤其是对即将步入社会的大学生，因其心理没有完全成熟，主观思想容易受到网络不良信息的影响。因此，在现阶段我国网络时代背景下，充分做好大学生们的心理健康教育，已经成为教育工作的重中之重。

当前，我国心理健康教育研究尚不能很好地应对网络时代呈现的新要求。大多数研究是对网络心理健康教育在运用形式上的研究，关于网络心理健康教育内在规律的研究很少，对网络环境下大学生心理和行为模式的分析还不够全面、深入，高校心理健康教育本身特点的研究也比较薄弱。因此，加强高校网络心理健康教育的理论与实践研究是十分必要的。

本书由滨州学院赵琳撰写。书中共有七个章节，绪论介绍研究的背景与意义，第一章对心理健康教育作出详细介绍，接下来从五部分展开研究，分别是大学生心理健康教育的发展状况、互联网发展与心理健康教育、互联网视域下的大学生心理健康、基于“互联网视域”的大学生心理健康模式发展、大学生互联网道德心理及提升。本书探讨网络与大学生心理健康的关系，对大学生网络心理和各项行为问题的形成与特点进行分析和研究，在分析、研究对象的基础上构建起高校网络心理健康教育各种实践操作模块。

由于时间仓促，书中错误在所难免，望读者不吝批评指教。

著 者

2019 年 3 月

前言

目　录

绪　论

当今社会正处于一个不断发展的信息时代，互联网以其无穷无尽的独特魅力，遍及政治、经济、文化等各个领域，使人们的生活方式、生产方式和思想观念发生了深刻变化。互联网作为新型的信息传播媒介，更是给予处在自我成长重要阶段的大学生以极大的冲击。因此，探讨大学生网络行为与自我成长的关系，可为高校更有针对性地、更有效地管理与引导学生的网络行为提供参考，也可为学生适当调整自己的网络行为提供建议。

第一节　研究背景

被誉为“网络时代第一位哲学家”的美国学者卡斯特是这样理解“网络社会”的：

作为一种历史趋势，信息时代的支配性功能与过程日益以网络组织起来。网络建构了社会的新形态，而网络化逻辑的扩散从实质上改变了生产、经验、权力与文化过程中的操作和结果。

以互联网技术为代表的新技术革命对社会和人类的发展所产生的深刻影响毋庸置疑。这种影响的实质在于：网络技术及其应用形成了信息时代一种崭新的网络环境，创造了人类新的生存状态、交往空间和发展条件，使人们的视野、想象和思维都随之得到拓展和延伸。在心理健康教育领域中,网络这一独立于现实的虚拟世界,已经成为一种无法剥离的实践环境和教育背景,并在与现实世界的互动和重构过程中,形成了一种全新的心理健康教育环境。

网络社会的“双刃剑”效应给高校心理健康教育工作既带来了机遇又带来了挑战。一方面,它给高校心理健康教育带来了难得的发展机遇,开辟了令人向往的广阔前景,提供了全新的网络心理健康教育平台,空前地拓宽了学校心理健康教育的领域;另一方面,它也给受教育者带来新的心理问题,增加学校心理健康教育的难度,使心理健康教育面临严峻的挑战。事实上,高新技术皆具有利弊两面性,网络更是如此。网络作为人类知识和智慧的产物,虽然不是“天使”,但也不是“魔鬼般的终结者”。网络心理健康问题的产生不在于网络自身,而在于我们人类如何利用它。环境的变化与人的发展处于同一个过程,心理健康教育面临的全新的网络环境,要求心理健康教育工作者与时俱进,努力通过理论创新实现对实践发展的把握和指导。

当我们精心思考网络技术的飞速发展带给心理健康教育的巨大变化时,我们最先、最直接触及的,就是它使一种新的心理健康教育方式——网络心理健康教育发展起来。作为信息网络技术发展的产物,网络心理健康教育是在网络空间以网络为载体开展的心理健康教育。它与现实的心理健康教育相比,具有教育内容的多元化、教育方式的交互化、教育手段的自主化、教育环境的复杂化、教育关系的虚拟化等新特点。网络心理健康教育与现实心理健康教育的区别在于是否采用了信息网络技术,它是现实心理健康教育在其领域、方式及手段上的拓展和延伸,也是以预防和矫正网络心理问题为目的的心理健康教育,更是一种全新的心理健康教育模式和理念,是心理健康教育发展和创新的一种新趋势。正如崔景贵教授所说,网络心理健康教育应是主体发展性的心理健康教育、互动对话式的心理健康教育、人本人性化的心理健康教育。它不仅指网上心理健康教育,还指现实生活中针对网络影响开展的心理健康教育;它不仅包括网络空间的心理健康教育,还包括心理健康教育的网络化。

当前,我国网络心理健康教育研究尚不能很好地应对网络时代呈现的新要求。大多数研究是对网络心理健康教育在运用形式上的研究,对网络心理健康教育内在规律的研究很少,对网络环境下大学生心理和行为模式的分析还不够全面、深入,对网络环境下高校心理健康教育本身特点的研究也比较薄弱。因此,笔者认为有必要加强高校网络心理健康教育的理论与实践研究。

进行网络心理健康教育研究是高校网络心理健康教育实践发展的需要。自从有了网络沟通,网络心理健康教育的实践随之开始,从最早的电子邮件心理咨询、QQ 心理咨询、视频心理咨询,再到能实现多方面功能的心理健康教育网站的建设,网络的无界性、超链接性、匿名性,给大学生心理健康教育带来了前所未有的机遇。同时,网络也导致受教育者产生复杂的心理问题,主要有角色混淆、认知失衡、交往障碍、畸形心理、网络综合征等。因此,随着网络时代的到来,网络心理健康教育在各高校普遍开展起来。经过多年的努力,高校网络心理健康教育实践取得了一些成绩,但也存在着突出的问题。主要表现为教育的针对性不强、教育效果不佳等。许多心理健康教育网站只注重提供一些有关心理学概念、心理现象或心理疾病等方面的信息资源,忽视了访问者与心理健康教育专家之间的交流与沟通,使这种新型的心理健康教育方式在很大程度上演变成了建网站——把现实心理健康教育照搬到互联网上。这样做,一方面使一些访问者面对网上浩如烟海的信息感到应接不暇、无所适从,另一方面使许多访问者的心理问题得不到有针对性的及时解决。

正是理论研究的薄弱制约了我国网络心理健康教育实践的发展。网络心理健康教育不仅仅是传统心理健康教育在网络的延伸,更是一种新的教育理念和方式,有其客观规律,而想要提高其效果,就必须对教育对象的心理状况有全面的了解。如网络社会的特点及其与现实社会的关系问题、“网络时代”的心理特点与教育策略、“网络时代”的心理健康标准、“网络时代”的心理障碍问题、网络心理健康教育模式的构建、网上心理健康教育与网下心理健康教育的衔接与沟通、处于网络环境中的网民如何处理网络中的人际关系等。而学界目前对网络心理健康教育对象及特点的研究还不够深入,在实践中,形成了网络时代大学生对心理健康教育的需求与高校网络心理健康教育的实施现状之间的矛盾。没有理论指导的实践是盲目的实践,只有从理论上解决了这些问题,才能为我国网络心理健康教育实践与探索提供科学指导,从而最终实现网络心理健康教育的目的。

进行网络心理健康教育研究是网络心理健康教育理论研究发展的需要。首先,网络心理健康教育理论研究符合网络时代学科建设的发展趋势。互联网这种革命性的科学技术运用于社会实践以后,给社会、经济、政治、文化带来了剧烈的冲击,给人类社会的经济结构、政治结构、文化结构乃至生活方式都带来了深远的变革,在社会科学与自然科学领域催生出一些新的边缘学科,如网络哲学、网络经济学、网络教育学、网络社会学、网络伦理学、网络心理学、网络政治学、网络文化学等。网络心理健康教育理论体系的构建也正是基于这种背景。网络所呈现的这种多维度、全方位的面相、现实和特征,决定了我们必须从不同学科的视角出发,来分析和把握网络的各种具体面相和特征,从而能够在这样一种研究分化与专门化的基础上完成对网络的整合性形象、功能、意义和趋势的说明与理解。在网络时代,心理健康教育主体、客体、方法和内容等都发生了变化,有必要从当前大学生对网络心理健康教育的需求与高校网络心理健康教育实施现状之间的矛盾出发，在实践中寻找课题，分门别类地进行细化研究，从而构建网络心理健康教育理论体系。

其次，可以充实网络心理健康教育研究领域，使之形成一个较为完整的体系。网络心理健康教育的研究始于2001年。经过十多年的发展，取得了一定的成绩，但也存在一个突出的问题，即在研究过程中，重网络心理健康教育的实践探索，轻基础理论研究；重网络心理健康教育的具体问题的解决，轻网络心理健康教育宏观全局的把握。要加强网络心理健康教育的针对性，提高教育效果，就必须要认真研究虚拟环境与现实环境的相互作用，网络心理健康教育现状与需求的矛盾，网络时代教育对象的特殊性，网络心理健康教育的客观规律和本质，网络心理健康教育施行的方针、原则、方法和载体，以及网络心理健康教育的发展趋势等理论问题，形成现代的、符合中国文化背景的大学生网络心理健康教育理论体系。

本研究正是在这种背景下进行的，并从我国高校网络心理健康教育的现状、大学生网络心理状况和行为模式出发，分别对高校网络心理健康教育的理论依据、网络心理健康教育的内容及方法、网络心理健康教育的实施途径、网络心理健康教育的评估等方面做了探讨，旨在初步建构一个具有中国特色的高校网络心理健康教育理论与实践体系。

第二节　研究意义

研究主要是解决两个方面的问题：第一，是在应然角度即一般意义上从“网络心理健康教育”的界定完成从工具意识到体系建构的理论认识，从而构建起高校网络心理健康教育的基本理论框架；第二，是通过对网络环境下大学生心理状况和当前高校网络心理健康教育存在问题的主要因素进行分析，就如何提高大学生网络心理健康教育的实效性提出相关原则和对策建议，同时构建起高校网络心理健康教育实践操作系统。网络心理健康教育的研究和体系构建有着重要的理论意义和实践价值。

从理论方面来说，通过对网络心理健康教育的内涵、特征、对象及途径等多学科理论视野的综合研究，从而构建高校网络心理健康教育体系的内容和方法，促进网络心理健康教育理论的发展与网络时代心理健康教育学科体系的完善。目前,学术界对网络环境下心理健康教育这一问题缺乏系统性研究,过多局限于对现状的处方性探讨,这种局面不利于从根本上解决当前高校心理健康教育存在的问题和满足网络时代大学生的心理健康教育需要,因此必须加强理论研究,在实践基础上提出理论新观点,进一步深化自身理论。目前网络心理健康教育理论研究尚处于起步阶段,在理论框架上还不成熟,主要是借鉴相关学科理论进行的综合研究。因此,本书通过对构建高校网络心理健康各种实践模块的作用机理和作用途径进行研究,试图探讨出一条理论与实践相结合的研究路径,从而进一步丰富心理健康教育、网络心理学、思想教育学与心理咨询学的理论。

理论研究价值的根本向度是指导实践,为实践需要服务。高校网络心理健康教育体系的构建,就是要为当前高校心理健康教育的实践提供科学理论依据,增强网络时代高校心理健康教育实践的针对性和实效性。心理健康教育不仅仅是教育者单方面的教育,更重要的是弄清楚受教育者到底需要什么。据此,要深入研究受教育者当前的心理状况和需要,这样教育者才能有针对性地展开心理健康教育活动,提高教育实效性,达到相应教育目的。当前高校网络心理健康教育最大的问题是缺乏对受教育者的内在需要和人全面发展的考察。本书通过探讨网络与大学生心理健康的关系,对大学生网络心理和各项行为问题的形成与特点进行分析和研究,在分析研究对象的基础上构建起高校网络心理健康教育各种实践操作模块。可见,高校网络心理健康教育体系的研究具有相当重要的实践价值。

第一,开展网络心理健康教育具有必要性和可行性。虚拟社会给心理健康教育的研究带来了种种机遇:一是信息资源的共享与开放,拓展了人们的理论研究空间,为心理健康教育学科的发展提供了繁衍生息的沃土。二是社会存在的非实体性,为主体的个性释放营造了较为理想的氛围。三是主体个性自由空间的扩展所带来的社会行为的非人性化趋势,为我们进行心理健康个案研究提供了更为丰富的现实参照;对网络行为的研究,更有助于我们充分把握人的自然属性和社会属性的关系,发掘现实社会心理问题产生的内在根源。

同时,网络给心理健康教育理念、内容、方式带来了挑战。网络导致受教育者产生复杂的心理问题,增加了教育者开展心理健康教育的难度。因此,虚拟社会带来的机遇和挑战是网络心理健康教育实践发展的外在推力。

首先,开展网络心理健康教育是时代发展的需要。当数字化信息遍布大学校园各个角落时,大学生的整个生存状态,从学习研究到休闲娱乐,从认知行为到情感心理,都发生了重大变化。对他们来说,网络所具有的魅力和所引起的心理困惑(尤其是网络的困惑和现实的心理困扰交织在一起时）都是不可阻挡的。网络已成为大学生从事科研、获取知识、了解时事、交流感情、查询信息、休闲娱乐的重要途径，成为他们学习生活中不可缺少的重要组成部分。在这种现状下，如果只依靠传统的心理健康教育模式，必将落后于社会发展，脱节于时代要求。因此，我们必须开拓创新，对高校网络心理健康教育进行有益探索，开辟心理健康教育工作的新途径。

其次，开展网络心理健康教育是解决网络心理问题的需要。由于网络还存在诸多不完善、不成熟之处，加上网络管理、网络社会的道德有待规范，网络易导致受教育者产生复杂的心理问题。网络对青少年的心理情商的危害具体表现在以下几方面：一是角色错位，人际交往萎缩为“人—机”式交往的偏执关系；二是人性异化，表现为人格结构失衡，形成“数字化”的人格障碍；三是自我迷失与冲突；四是道德失范，道德自律的弱化导致“隐形人”的虚拟行为；五是技术崇拜，网络资源的泛滥促成“信息人”的上网成瘾。网络导致的大学生心理问题主要有认知失衡、交往障碍、畸形性心理、自我角色混淆、网络综合征以及网络成瘾症。因此，应当加强网络心理健康教育，解决网络心理问题。

最后，开展网络心理健康教育是教育创新的必然要求。网络教育是近十年才兴起的、以计算机技术和网络技术为核心的现代教育技术应用在教学中的一种新型教育模式。在网络时代，教育主体出现了“非主体化”趋势。教育主体不再是灌输思想的权威，而是制造、传播、监控网络信息的主体，兼有信息传播者和思想引导者的双重身份，教育者和教育对象是平等的，传统的“教”与“被教”关系已不再明显。不过大多数研究者从积极的角度认为这种教育关系和工作氛围更具人情味，更有亲和力，更易于取得良好的教育效果。因此，在心理健康教育中，有必要进行整体性的教育理念转换，创造性地实施网络心理健康教育。

第二，关于网络心理健康教育的指导理论研究。一些研究者认为，心理健康教育不能停留在思辨阶段，而应建立科学的网络心理健康教育理论。于是很多学者从不同学科视角出发对网络心理健康教育理论进行了探讨。有学者从教育学的角度提出，在分析网络心理教育时可以借鉴相关思路，从三个层次上去认识把握网络心理教育：首先，网络心理教育是一种网络教育思想，就是在网络教育的根本观念上要有明确的心理教育意识，可视为一种大网络心理教育观；其次，网络心理教育是一种网络教育原则，就整体网络教育而言，心理教育应作为一项重要的教育原则，贯彻于网络教育之中，由此实现网络心理教育向网络教育的渗透；最后，网络心理教育是一种专门的网络教育活动，大致包括准备性网络心理教育、过程性网络心理教育和补救性网络心理教育，这三个方面相互联系、相互渗透。

有学者从心理学的角度对网络心理健康教育进行了探讨。从心理学的视野分析出发，网络心理教育的基本特征是资源集约化、信息生动性、环境虚拟性、活动自主性、人机交互性和沟通间接性；网络心理教育中的心理学指导理论主要有行为主义学习理论、建构主义理论、人本主义理论等。

还有学者从政治学的角度提出用科学发展观指导大学生网络心理健康教育：坚持以人为本的发展观，让大学生网络心理健康教育惠及每个学生；坚持全面发展观，促进大学生网络心理健康教育的全面发展；坚持协调的发展观，实现网络文化和大学生心理健康教育的良性循环。

第三，关于网络心理健康教育的内容和原则。关于网络心理健康教育的内容，学界目前提出的大体上包括两个方面：一是关于心理健康教育的基础知识。黄玉莉指出，网络心理健康教育的一个重要内容是要在网上建立学生心理健康教育知识系统，开设心理学方面的课程，定期举办网上心理健康知识专题讲座，举办网上心理健康教育活动，并针对学生进行学业心理指导、人际关系指导、就业心理指导、人格辅导等。二是将解决大学生网络心理健康问题作为教育的重要内容。不正确的网络使用方式在大学生中导致了诸如信息焦虑、情感冷漠和自我认同混乱等心理疾病和障碍。因此，学校应当有针对性地开展网络人际交往教育、网恋心理教育等讲座以预防或矫正网络心理问题。

关于网络心理健康教育的原则：网络心理健康教育要想体现一般心理健康教育的特点，彰显自身的个性，实现与非网络心理健康教育的优势互补，就应遵循防治性和发展性相结合、科学性和趣味性相结合、交互性和主体间性相结合、“助人自助”与“互助共进”相结合以及互补性与协同性相结合的五大原则。

我国网络心理健康教育的实践研究：第一，对网络心理健康教育的实施途径和模式研究。关于大学生网络心理健康教育的实施途径，目前学界主要提出了以下几种：网络心理健康调查；建立网络心理测验系统；建立网络心理健康档案；开展网络心理咨询，包括利用 BBS、E-mail、聊天室等形式进行心理咨询；开辟网络心理知识学习园地，可以设计的内容包括心理书屋和心理百科、心理调适方法和技巧介绍、优秀心理影片介绍、心理健康知识讲座、心理服务有关网络介绍等。

在此基础上，有学者开始对网络心理健康教育实践运作模式进行探索。在信息时代，按照大学生心理发展的规律和特点，以“助人自助，互助成长”为宗旨，以学生为主体，以网络为载体，以环境建设为基础，构建“六位一体”的大学生心理互助网络模式。

第二，对大学生网络心理问题的实证性研究。目前，对于互联网与大学生心理健康的相关性研究，大部分集中于网络使用情况的调查（包括上网时间、目的、动机、途径等）；网络使用对大学生人格、情感、人际关系、社会化、认知等的影响；网络成瘾的现状、原因及相关对策。由此可以看出，对大学生网络心理的研究给予充分的量化支持，从中探寻规律，是国内广大心理学工作者面临的迫切任务。

研究中存在的主要问题，反映了当前学术界对于网络心理健康教育研究的主要思路，为我们进一步研究高校网络心理健康教育体系的构建提供了基础性资料。但网络心理健康教育研究还处在发展阶段，理论体系尚不成熟，目前研究中存在的问题主要表现在三个方面：一是关于网络心理健康教育理论研究，多数学者是对其他学科的借鉴，尚未形成较完备的理论体系，对一些关键问题还缺乏研究。如对网络心理健康的特点研究还相对较为浅显，没有反映出对网络环境下心理健康教育本质的把握。

二是人们在研究大学生心理健康教育时，对网络环境下大学生心理状况和行为模式的分析还不够深入、全面，对网络环境下大学生心理健康教育的方法研究得还不够深入，对“网络环境下的大学生心理健康教育”这一问题缺乏系统全面的研究。对于网络心理健康教育的评估问题，目前还很少有研究者涉及，实际上网络心理健康教育效果评估是亟待研究的重点问题，因此不仅要研究网络心理健康教育评估的作用和功能，更重要的是对科学评估方法和标准进行研究。

三是目前大多数研究主要是从“工具”视角来探讨网络心理健康教育问题。很少有从体系视角研究心理健康教育问题，即探讨在网络化的社会环境下，传统的心理健康教育从理念到内容、手段、机制与组织方式如何发展、如何创新的全面体系构建问题。

网络心理健康教育的研究趋势：网络心理健康教育的研究趋势是关系网络心理健康教育发展目标、方向、路径和程度的根本问题，准确把握网络心理健康教育研究的趋势，对加强和改进网络心理健康教育研究具有重要的理论和现实意义。从当前心理健康教育的实践出发、从网络心理健康教育研究的现状出发，我们不难看出，强化网络心理健康教育的基础理论研究，构建网络心理健康教育的理论和实践运作体系，是网络心理健康教育的研究趋势。

应准确定位网络心理健康教育的研究对象。对许多学生网民而言，网络不再是时尚，不再是潮流，而是他们的世界，就像人们赖以生存的阳光、空气、土壤和水一样。他们就是互联网的喧声造势者和推波助澜者。

虽然网络是现实社会的一部分，但是网络心理健康教育的直接对象和关系对象都发生了显著的变化，并且出现了一系列新情况、新问题，这为网络心理健康教育研究提供了诸多新的热点。网络心理健康教育研究要突破发展瓶颈，走向新的发展阶段，则必须重新走向对象、审视对象、研究对象,在深刻把握对象的基础上推动创新和发展。因此我们首先要对网络心理健康教育的主体特点进行研究,积极启发大学生的自觉性、能动性,引导他们成为自我教育的主体。正如联合国教科文组织所指出的那样:未来的学校必须把教育的对象变成自己教育自己的主体。受教育的人必须成为教育他自己的人,别人的教育必须成为这个人自己的教育。

应加强网络心理健康教育的理论研究。理论对实践具有重大的指导意义,基础性理论对大学生网络心理健康教育的持续发展具有重要意义。心理教育自诞生之日就存在“理论主干脆弱、学科枝叶茂盛”的发展危机,20 世纪 90 年代以来,越来越多的心理教育专家倾向于从多学科(如教育学、心理学、传播学、社会学、文化学)整合的角度来探索和研究心理教育这一复杂对象,努力用科学主义与人文精神统整的方法论来综合建构自己的理论范式。在目前的大学生网络心理健康教育研究中,也存在“重实践、轻理论”的问题,对那些事关大学生网络心理健康教育持续发展的基础性理论重视不够。因此,应当进一步加强网络心理健康教育的理论研究。

加强对理论基础的研究,其中马克思主义关于社会存在与社会意识关系的理论、关于人的本质与人的全面发展的理论,科学发展观与社会和谐发展的理论等是网络心理健康教育的指导理论,是大学生网络心理健康教育的科学指南。而现代思想教育学理论、网络思想教育学理论、教育心理学理论、思想教育心理学理论、心理健康教育的理论是网络心理健康教育的相关理论。还有网络哲学、网络心理学、网络教育学、网络社会学、网络伦理学、网络文化学等新兴边缘学科,可以为网络心理健康教育的理论研究提供借鉴。

加强对基础理论的研究,要认真认识网络心理健康教育的客观规律,网络心理健康教育的特殊矛盾和本质,明确施行的方针、原则、方法和载体,以及网络心理健康教育的发展趋势,重视网上心理教育与网下心理教育的衔接与沟通,以及虚拟环境与现实环境的相互作用等理论问题的研究。只有从理性上、理论上解决了这些问题,才能为我国网络心理健康教育实践与探索提供科学指导,最终实现网络心理健康教育的目的。

要深化网络心理健康教育的实践研究,即现实心理健康教育发展到一定程度后与网络技术相结合产生了网络心理健康教育。网络心理健康教育的发展一方面取决于网络技术本身的发展,另一方面又取决于心理健康教育方式和途径的不断整合。在网络技术特点的基础上,网络心理健康教育目前沿用的是现实心理健康教育的方式和途径。为提升网络心理健康教育的实效性,应当加强对现实心理健康教育方式和途径的整合,在沿用的基础上创新网络心理健康教育实践运作模式。因此,要从当前大学生存在的网络心理问题的实际出发，分门别类地进行细化研究，创造出具有针对性的教育方式和教育途径。

同时，我们还需要加强对网络心理健康教育与现实心理健康教育二者相结合的研究。生活在网络时代的大学生，受网络生活和现实生活的双重影响，其现实心理问题与网络心理问题往往是紧密联系的，很难截然分开，如学生在现实生活中产生了心理问题，求助于网络或通过网络发泄的同时，又可能导致网络成瘾。因此，在网络时代，现实心理问题与网络心理问题往往是紧密联系的，网络心理健康教育也应是网上和网下心理健康教育的结合。"网下"和"网上"心理健康教育能全面提高大学生心理素质，为大学生建立起一个强大的心理支持系统网络，对大学生的发展给予有效的心理支持。

可见，网络心理健康教育研究的趋势将会呈现以下几个方面的特征：由研究实践问题走向基本理论问题的剖析；由应用领域走向基础理论领域的开拓；由松散的经验性总结走向体系的理论化建构。

当今是以互联网为支撑，以信息资源为媒介的网络时代。在这一时代，传统心理健康教育模式越来越显示其局限性。当网络心理健康教育以不可阻挡之势迎面而来时，我们需要认识到网络心理健康教育的价值与意义，关注网络带给心理健康教育从形式到内容的革新，接受网络时代的心理健康教育新理念，在实践中重构网络心理健康教育操作模式，在此基础上积极探索网络心理健康教育体系构建问题。

首先，网络是开展心理健康教育的一种工具或媒体，它可以使现实心理健康教育得到拓展和延伸。但网络心理健康教育除了是网上心理健康教育（或网络空间的心理健康教育），更是一种全新的心理健康教育模式和理念，是心理健康教育发展和创新的一种新趋势。现代网络技术不断发展和应用深化，必然要求传统心理健康教育理念、内容和方法、途径的改变和更新。因此，网络心理健康教育应当是一个包括教育目标、教育内容、运行机制及教育途径与方法等内容的体系。一方面，我们要把网络作为心理健康教育的新阵地、新工具、新方法，用以加强和改进传统心理健康教育；另一方面，我们要在网络化的社会环境下，探索传统的心理健康教育从理念到内容、方法、途径与运行模式的发展和创新，构建网络心理健康教育的全面体系。

构建网络心理健康教育多学科的理论和方法体系。综合多学科的研究成果和方法，是网络心理健康教育体系构建的出发点。网络心理健康教育广泛地借鉴多学科理论视野和方法论视域，把（网络）思想教育学、（网络）心理学、（网络）社会学、（网络）文化学和（网络）哲学等学科的研究成果加以整合，发挥多种学科的整体功能。同时，网络心理健康教育在继承和沿用现实心理健康教育的方法的基础上，吸纳了中国传统文化心理学方法和西方主要心理学治疗方法;利用了思想教育中心理论调适与修养方法;创新了“网下”与“网上”心理健康教育相结合的方法等。将网络心理健康教育相关的理论和方法整合起来,进行深入系统的研究,可构建起网络心理健康教育的理论和方法体系。网络心理健康教育的理论和方法体系关系到整个网络心理健康教育体系的运作方向和效果。

构建网络心理健康教育多重服务的内容体系。网络心理健康教育利用自身的优势可做到服务领域广,服务内容多,它的使命和任务应该是:关注整体学生的心理健康,解决个体学生的心理问题,通过各种网络心理健康服务形式和学生之间的网上互助活动来创造整个高校的心理健康环境。

可见,网络心理健康并非狭义的心理健康,而是把心理健康从内涵与外延上扩大了,具有广义的含义。由于心理发展源自其环境系统的结构和功能变化,大学生的心理健康很大程度上取决于其所处的整个环境的健康。因此,想要真正持久地维护和促进大学生心理健康,更应贯彻某种“大健康”概念,以环境健康的观点为指导,探讨影响大学生心理健康的网络环境,关注健康网络环境的建设与维护。因此,网络心理健康教育服务工作除了重视个体的心理健康,还强调整个网络心理健康环境的创设。网络心理健康教育的基本内容除了障碍性内容外,还应包括发展性和预防性内容。要通过网络建立大学生心理健康教育知识系统,让大学生进行自我教育,提高心理健康意识。

构建网络心理健康教育多模式的运行体系。国内外的心理健康教育实践操作模式都提倡多种模式的互补融合,发挥心理健康教育的整体功能。在网络心理健康教育实践中,同样可以整合多种模式,以形成科学的运行体系。在网络心理健康教育力量上,可以有“家庭—学校—社区”的整合模式,即将家庭教育、学校教育和社会教育相结合;在网络心理健康教育目标上,可以有“生理—心理—社会”模式,即将生理健康、心理健康和社会适应良好作为网络心理健康教育的目标;对于学生心理问题的解决途径,可采用“他助—互助—自助”相结合的模式,即把网络心理咨询、网络朋辈心理互动和网上自我教育结合起来;在网络心理健康教育预防工作上,有“发展—预防—矫治”这样一个具有发展性、预防性和治疗性三层次的全面预防模式和以“个人—班级—院系—学校”为主线的立体预防模式。在网络心理健康教育整体运行上,实现“网下”“网上”心理健康教育相结合,将网下各种学科的渗透式教育模式和网上各种咨询辅导等基本方式整合起来。从而,一个多模式的网络心理健康教育运行体系构建起来了。

构建网络心理健康教育多层次的目标体系。高校网络心理健康教育的目标是帮助大学生树立心理健康意识，解决心理困扰，预防心理问题，提高心理素质，充分发挥心理潜能，以促进大学生的全面发展。该目标可以分解为恢复、维护、提高大学生的心理素质三个层次。高校网络心理健康教育应当围绕心理健康教育目标展开：一是面向全体，开展适应性心理健康教育，排除心理困扰，预防心理问题；二是面向全体，开展发展性咨询，提高大学生心理品质，促进主动发展；三是关注个体，开展大学生障碍性心理咨询，恢复其心理健康。

高校网络心理健康教育体系是由上述四个处于不断运动变化中的子体系构成。这四个子体系之间也是相互影响和作用的。任一子体系出现问题都可能导致整个体系运行的失常，因此还要抓好网络心理健康教育体系的内在整合，使各子体系正常、协调、有机运行，实现维护和促进网络时代大学生网络心理健康的最佳效果。

经过理论探索和实践验证，一个多层次、全方位、立体式的高校网络心理健康教育体系已经基本形成。随着互联网技术的日新月异，高校网络心理健康教育体系将走向纵深发展。可以预见，网络心理健康教育将以其丰富的内容、新颖的形式和全新的理念，在整合和沿用传统心理健康教育的同时，成为明天高校心理健康教育工作的必然选择和发展趋向。

第一章　心理健康教育概论

第一节　心理健康教育的含义

一、健康的概念

谈到健康，传统上人们只知道或只关注生理健康，这种对健康的理解一直是人们的主导观念。其实，人体是一个复杂的系统，健康和疾病是由多种因素而不是由单一的因素引起的。而现在，人们已普遍把心理健康也归入“健康”的范畴。例如《现代汉语词典》中将“健康”定义为“（人体）发育良好，机理正常，有健全的心理和社会适应能力”。恩格尔（Engel）1977 年发表了一篇著名论文，提出健康和疾病是生物、心理和环境社会因素交互作用的结果，即健康和疾病的生物心理社会模型（biopschosocialmodel）。之后，1989 年世界卫生组织（WHO）将其宪章中健康的定义进一步修改为“健康不仅是没有疾病，而且包括身体健康、心理健康、社会适应良好和道德健康”。可见，健康和疾病是个体的生物因素、心理因素和环境社会因素交互作用的结果，如图 1-1 所示。

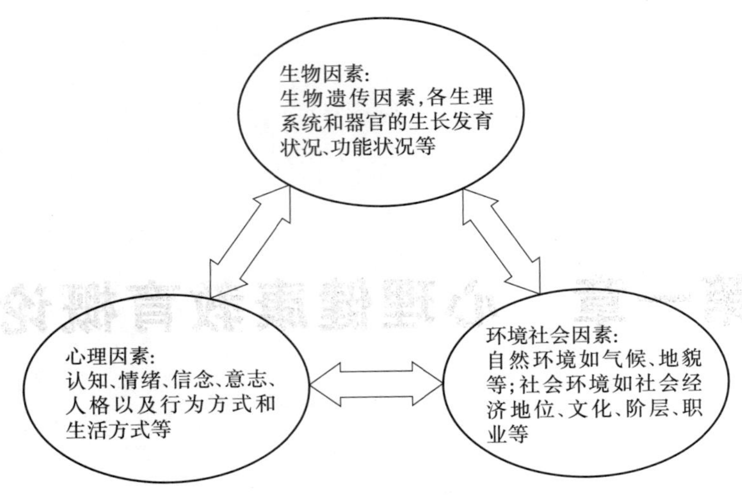

图 1-1　健康和疾病的生物心理社会模型

健康和疾病是一个连续体,彼此交叉重叠。健康和疾病位于连续体的两个端点,不同个体或同一个体在不同时期的健康状况,都处于这个连续体上的特定范围内。也有学者把这个连续体分为健康状态、病理状态和亚健康状态即诱病状态。健康状态和病理状态处于连续体的两端,而亚健康状态居于两者之间。所谓亚健康状态,是指个体身心处于疾病与健康之间的一种健康低质状态。当亚健康状态的诱病因素积累到一定程度,便会转化为疾病;相反,如果保健措施得力就会转化为健康。因此,生病或健康,个人的主观能动性是起作用的。心理因素不仅是健康和疾病的可能后果,也可能是导致健康和疾病的原因。

二、心理健康的概念

(一)心理健康的标准

早在 1946 年,第三届国际心理卫生大会指出,心理健康的标志是“身体、智力、情绪十分协调;适应环境,在人际交往中能彼此谦让;有幸福感;在工作和职业中能充分发挥自己的能力,过有效率的生活”。之后,国内外许多学者从各自关注的不同角度,论述了心理健康的标准。对什么是心理健康的标准,至今没有一个统一的、公认的说法。综合各家的见解,可以将心理健康的标准归纳为以下几点:

1. 智力正常,认知完整

智力是人的观察力、记忆力、思维力、想象力和专业操作能力的综合,它是人正常生活最基本的心理条件,也是心理健康的主要指标。一般认为智商低于 70 分为智力落后,智商在 80 分以上是心理健康的基础条件。心理健康的人能与现实保持良好的接触,能对环境作出客观的观察,进行有效的适应,而不是歪曲现实环境。心理不健康的人却往往对现实缺乏完整的认知,杯弓蛇影,心神不宁。

2. 积极的自我观念

心理健康的人能够体验到自己的存在价值。他们了解自己的长处与短处,并对此有适当的自我评价,不过分自我炫耀,也不过于自我责备;即使对自己有不满意的地方,也不妨碍其感受自己较好的一面;他们悦纳自己,同时也觉得自己能为他人所接纳。心理不健康的人,则缺乏自知之明,或者自高自大,目空一切;或者只看到自己的缺点,对自己总是不满意,由于理想自我太高,与客观现实相距甚远,因而总是自责、自怨、自卑。例如心理不健康的人会对自己说:“我不如期望中漂亮,我真是一无是处。”心理健康的人则会告诉自己:“我虽然不如理想中漂亮,但我仍有不少优点,我是快乐的。”再有,心理健康的人既有遵循社会行为规范的愿望,也不会过分压抑自己,能实在而坦然地看待自己。另外,一个人自己眼中的“我”和别人眼中的“我”是否一致也是一个重要因素,两者愈趋于一致,显示心理愈健康;若不一致,则容易造成心理困扰。总之,一个心理健康的人由于有积极的自我观念,“理想自我”与“现实自我”、“应该自我”与“实际自我”、“镜像自我”与“真实自我”之间通常是协调一致的;即使有矛盾,也不会对其心理健康构成威胁,反而有可能促进自我的发展。

3. 悦纳他人,人际关系和谐

心理健康的人悦纳自我,也乐于与人交往,既能悦纳自我也能悦纳他人,认可他人存在的重要性和作用,因而也能为他人和集体所接受,人际关系融洽。朋友可以满足个人的安全与归属的需要,满足爱与被爱的需要;朋友能替自己分忧解愁,有助于心理健康。在人际交往中,一个心理健康的人对待他人,尊重、信任、赞美、喜悦等正面态度总是多于仇恨、猜疑、嫉妒、厌恶等负面态度。他们不一定有许多朋友,但一定是有一些与之亲近的朋友。良好的人际关系既反映出一个人的社交能力和“宜人性”的特质,同时也是心理健康的标准之一。因为他在与人交往时令人感到舒服自在,感到安全可靠。一个心理健康的人,其个人思想、目标、行动能融入社会要求和习俗,能重视团体需要,并能有效调控为他人所不容的欲望。

4. 面对并接受现实

每一个人都是从过去经现在走向未来的。心理健康的人能够面对现实、接受现实，而不会沉湎于过去或陷入不切实际的幻想之中。他既能面对过去，也能正视现在、规划将来；既能重视现在，也能权衡过去、现在与未来的关系，预见即将来临的问题和困难，并事先设法加以解决。而心理不健康的人往往以幻想代替现实，没有足够的勇气去接受现实的挑战，常常抱怨自己生不逢时或责备环境不公而怨天尤人，对未来十分悲观。当然，心理健康的人也会遭遇挫折，也有面对失败的时候，但他对各种经历，无论成功与失败的经历都能持开放的态度；当其面对失败与挫折时，他既不会否认或推诿，也不会因此而否定自己，而能将其视为自身经历的一部分，坦然面对，从容应付。

5. 能调节情绪，心境良好

心理健康的人能恰当地协调自己的情绪，其心情以喜悦、愉快、乐观、满意等积极的情绪状态为主，虽然也会有沮丧、愤怒、悲伤、恐惧等消极的情绪状态，但不会长久持续。他的情绪表达是适度的，控制得恰如其分，不会太过或不及；情绪如果不加以控制或过分压抑都有损心理健康。心理健康的人当然不是没有七情六欲，而是他在情绪方面能恰当地估量并表现得合乎情境。疏解消极情绪对心理健康尤为重要，如果不加以调控，经常以消极的情绪和态度看待人生，不仅情绪上会愈加郁闷和沮丧，而且会感到压力越来越多、越来越重，身心不堪重负。因此，心理健康的人，心境通常是开朗、乐观的。

6. 热爱生活，乐于学习和工作

心理健康的人珍惜和热爱生活，并享受人生的乐趣，而不会视生活为负担。他乐于学习，积极工作，在学习和工作中施展才能，并从学习和工作成绩中得到满足和激励。对学习和工作的投入，能使人获得成就感并提高自我价值感，有益于心理健康。乐于学习和工作，既反映出一个人对待学习和工作的态度，同时也是心理健康的一个重要指标。一个心理健康的人，是热爱生活、乐于学习、勤于工作的人。

7. 人格完整独立

人格是个体的才智、情绪、愿望、价值观和习惯行为方式的有机整合。心理健康的人能够有效地处理各种能量，使之不产生对立和冲突，保持人格完整、协调、和谐；当产生心理压力或欲求不能满足时，其统一的人生态度使自我保持相对稳定性，不依附或者盲从于他人，能果断地决定自己的发展方向。随着人生阅历的丰富和生活的磨炼，心理健康的人，其人格会更加完善。

（二）心理健康是一个动态的过程

一个人的心理是健康的还是不健康的，很难作出非此即彼、简单而明确的界定，因为心理健康本身是一个动态的过程，它可能因个体自身的发展而变化，也可能因个体所处环境的不同而不同。这样，就有大量的所谓"亚健康"状态存在。就一般人群而言，据学界一般的看法，真正称得上心理健康的只占10%～15%，真正有心理问题或心理不健康者只占5%～10%，而八成左右的人都处在亚健康状态。从个体心理的发展来看，心理健康也是一个动态的过程，既存在由健康向不健康转化的可能，也存在由不健康向健康转化的可能。

三、心理异常的类别

与健康的心理相对，是一些异常的心理，或称心理障碍。从实际情况看，一些人长期以来受到某种心理障碍或异常心理的折磨，十分痛苦，但遗憾的是他们不知道这是怎么回事，或者苦于无处求助。另一种情况是，一些人从报刊或书本上读到有关心理异常的知识，就硬与自己联系起来，以致整日忧心忡忡、惶惶不安，唯恐自己心理有毛病，由此也造成很大的心理困扰。还有一种情况，有些人心理方面一旦有一些异常的表现，就十分紧张，没有道理地担心这种异常现象会越来越严重，患上精神病。鉴于以上种种情况，这里将一些常见的心理异常分门别类地作简要的介绍，以便读者对此有一个比较客观和恰当的判断，但心理病症往往是比较复杂的，不可简单地"对号入座"，必要时可以去找心理医生咨询与诊治。

（一）神经症

神经症也称神经官能症或精神神经症。这是一组没有明显的器质性原因的较为严重的精神障碍，是由于个人的环境精神压力与人格因素交互作用所致。其病态比较复杂，且患者大多还能应付必须面对的现实问题，所以在日常生活中，除了部分有明显躯体症状的患者外，大部分患者是以痛苦的主观体验为主。尽管这种痛苦有时可以达到十分严重的程度，然而却难以为他人所觉察和理解。神经症可分为焦虑症、抑郁症、强迫症、恐怖症、疑病症和神经衰弱等。

焦虑症是以发作性或持续性情绪焦虑、紧张为主要特征的一组神经症。虽然正常人也会焦虑，但焦虑的程度适当，而不伴随其他心理活动异常和相应的躯体症状，且当足以引起焦虑的事件过去之后，焦虑情绪通常也就自动解除了。焦虑症患者的焦虑情绪往往不是由现实情况所引起，且常伴有躯体症状。急性焦虑症患者会突然感到心季、喉部梗塞、呼吸困难、头昏、无力，常伴有紧张、恐惧或濒死感；检查可见心跳加快、呼吸急促、震颤、多汗等躯体症状。慢性焦虑症患者长期处于焦虑状态，常为一些小事而苦恼、自责，对困难过分夸大，遇事常往坏处想，对躯体不适特别关注，注意力涣散、记忆力不佳、兴趣缺乏，常失眠多梦。

抑郁症是以持久性情绪低落为特征的神经症。虽然正常人也有情绪低落的时候，但持续的时间一般不会太久。抑郁症患者的抑郁情绪可能持续数月乃至数年，常表现为心情压抑、态度悲观、怨天尤人、自我评价降低，对周围事物兴趣索然，对前途感到失望。此外，还常伴有植物性神经功能失调，如胸闷、乏力、疼痛等。由于觉得生存缺乏意义，对生活感到失望甚至绝望，抑郁症患者有时会放弃求助，严重的甚至导致自杀行为。

强迫症是以强迫症状为中心的一组神经症。所谓强迫症状是指患者主观上感到有某种不可抗拒或不能自行克制的观念、意向、情绪和行为的存在，它们或单一地出现，或夹杂在一起出现。患者虽然也认识到它们是不恰当或毫无意义的，但是难以将其排除。正常人也或多或少有一些强迫性的观念或行为等，但强迫症患者为了排除这些令人不快的观念或行为，有着严重的心理冲突并伴有强烈的焦虑和恐惧。

恐怖症是指患者对于某些事物或特殊情境所产生的十分强烈的恐惧，且这种情绪与所引起恐惧的情境和事物通常很不相称，有的甚至让别人很难理解。患者虽然明知自己的害怕不合理，但是难以自我控制，从而极力回避引起恐惧的事物或情境，导致严重的情绪和行为退缩。恐怖症名目繁多，可分为见人恐怖症、动物恐怖症、自然现象恐怖症、环境恐怖症、观念恐怖症等。

疑病症也称臆想症，是一类表现为对自身健康状况过分关心，深信自己患了某种躯体或精神方面的疾病，经常诉述某些不适，但却与实际健康状况不符合的神经症。患者常四处求医，迫切要求治疗；医生对疾病的解释往往不能消除其固有的成见。

神经衰弱是以高级神经活动耐受性低、过度兴奋且不能产生保护性抑制为特征的一类神经症。神经衰弱的症状很复杂，往往是心理症状和躯体症状夹杂在一起，常见的有心烦意乱、情绪过敏、忧郁、焦虑、头痛、睡眠障碍、记忆力衰退、疑病等，躯体症状如心悸、心慌、多汗、出气不畅、胸闷、腹胀、腹泻或便秘、尿频、月经失调等。

（二）人格障碍

人格障碍也称病态人格，是指不伴有精神症状的人格适应缺陷。这种患者对环境有相当严重、根深蒂固且难以更改的不适应反应，其人格构成与行为模式对自己、对社会来说都是不被允许的、不得体的。所谓不伴有精神症状的缺陷,是指在没有认知障碍或没有智力障碍的情况下出现的情绪反应、动机或行为活动方面的异常。人格障碍一般始于童年或青少年,持续到成年甚至贯穿终生。常见的人格障碍类型有反社会型、偏执型、回避型、依赖型、表演型等。

反社会型人格障碍,其特点是缺乏道德感和内疚感,没有怜悯心、同情心,行为受原始欲望支配,脾气暴躁,挫折承受力低,情绪活动呈爆发性,行为冲动,对他人和社会冷酷无情,往往目无法纪,且不能从挫折和惩罚中吸取教训等。

偏执型人格障碍,其特点是思想、行为固执,敏感多疑,心胸狭隘,自我评价过高,不接受批评,情绪不稳,易冲动,善诡辩,富有攻击性,服饰、打扮常不合习俗等。

回避型人格障碍,其特点是行为退缩、自卑,面对挑战采取逃避态度或无能力应付,受到批评指责后常觉得自尊心受创而十分痛苦,羞怯,害怕社交活动等。

依赖型人格障碍,其特点是缺乏必要的日常自理能力,总是求助于他人,过分依赖他人,很幼稚地顺从,总是怀疑自己可能被别人拒绝,在任何方面都很少表现出积极性。

表演型人格障碍,其特点是以自我为中心,感情用事,情绪不稳定,爱自我表现、爱幻想,常以想象代替现实,生活在想象的情境中。

(三)性行为变态

性行为变态是指与生殖没有直接联系,在寻求性满足的对象或方法上与常人不同,且违反当时的社会习俗而求得性满足的性行为活动。它与病态人格有一定联系,但又有所区别。一方面,性行为变态可能是病态人格的一种表现,它们可能有病原学上的联系;另一方面,性行为变态又不一定具有病态人格的一般特征。调查发现,大多数性行为变态者都能适应社会生活。他们正常的性生活通常没有要求,甚至心怀恐惧,其变态的性行为常带有强迫性、反复性,受惩罚后也会感到悔恨,但终究难以自控。有必要区别两种情况:一种是同性恋,另一种是传统意义上的性变态,如暴露癖、恋物癖、窥阴(淫)癖等。

同性恋的特征是以同性者作为满足性欲的对象。同性恋者之间彼此感到性的吸引,甚至发生性的行为,一般多以口淫、鸡奸、拥抱、彼此手淫、彼此抚摩等方式获得性的兴奋与满足。同性恋者性变态程度不一,有的完全不能接受异性;有的可同时保持对同性和异性的情欲;有的基本上仍算是异性恋者。按现在一般的看法,真正同性恋者,男性中约占4%,女性中约占2%。

传统意义上的性变态,表现形式可以说是十分多样、五花八门,而暴露癖、恋物癖、窥阴(淫)癖等只是其中相对容易被人发现的几种。暴露癖的特征是以在异性面前暴露自己的生殖器而获得性的满足。暴露癖几乎均为男性,他们在偏僻场所或黑暗角落守候,对异性突然暴露生殖器,在对方惊诧中迅速离去,通常没有进一步的性攻击意向。恋物癖的特征是喜欢与异性穿戴或佩戴的物品(多是直接接触异性体表的物品,如内衣、头巾、丝袜、发夹和别针等)接触,以引起性兴奋,多见于男性。窥阴(淫)癖的特征是以窥视异性的阴部或两性的性交场面来获得性的满足,也多见于男性。

(四)行为偏离

行为偏离是指在没有智力迟滞和精神失常症状的情况下与其所处的社会情境和社会要求相违背,在行为上明显异于常态。行为偏离问题多发生在青少年身上,例如吸毒行为、酗酒行为、重度吸烟行为、拉帮结伙行为、敌视权威行为、施虐行为、盗窃行为、诈骗行为等。

(五)适应不良综合征

适应不良综合征是以环境适应困难为中心特征的一系列身心不适的症状,多见于儿童、青少年,尤其是在转到一个新环境之后。患适应不良综合征的学生常表现出厌学心理和逃学行为,并伴有紧张、退缩、恐惧、疼痛、强迫等多种心身疾病或神经症的症状。

(六)心身疾病

心身疾病是指那些心理因素在疾病的发生和病程演变中起主导作用的躯体疾病。中医学认为,喜、怒、忧、思、悲、恐、惊“七情”中任何情志失调都可伤心,而心伤则引起脏腑功能失调。从现代心理学理论来看,心身疾病或心身障碍是个体在压力状态下所出现的某种情绪和动机冲突,通过心理影响生理的途径,以身体各个器官系统的病变而表现出来,如可能引发原发性高血压、心脏神经官能症、冠心病、心律失常、消化性溃疡、胃肠神经官能症、神经性厌食、支气管哮喘、肥胖症、糖尿病、甲状腺功能亢进症、紧张性头痛、偏头痛、风湿症、癌症等。

(七)精神病

精神病是最为严重的一类心理异常。精神病患者的整体心理机能瓦解,不仅心理活动本身各个方面的协调一致遭到破坏,而且机体与周围环境的关系也严重失调。精神分裂症是最常见的精神病,患病率约为0.3%~0.7%,起病多在青春期及成年初期，病程多迁延。其症状复杂多样，较常见的有思维障碍、联想散漫、知觉扭曲、情绪错乱、动作怪异，存在被操纵感和洞悉感等，患者常常生活在自己幻想的世界中，甚至以幻想代替现实，完全脱离现实。本病可分为急性和慢性两种：急性起病急，预后较好；慢性起病慢，预后较差。躁狂抑郁症是另一种常见的重度精神疾患，以原发性情感情绪障碍为主要临床表现，且具有发作期和完全正常的间歇期反复交替出现的现象。

第二节　心理健康教育活动的基础

一、认知活动的生理基础

（一）注意

注意是心理活动对一定对象的选择和集中。注意的选择需要边缘叶和大脑额叶的参与，还与海马以及与之联系的尾状核有关。临床研究表明，这些组织若出现损伤，患者的选择性注意将产生严重障碍。例如，中心线附近深部肿瘤的患者并不表现出认识、动作、言语或形式逻辑过程的明显障碍，但心理过程的选择性却遭到破坏；患者高度分心，很快中断主动的、有目的的行动。

注意的另一特性为警觉。人要想把注意力集中到精神生活的某些方面，必须处于警觉状态。警觉是与警戒或唤醒紧密相联的一种注意形式，指注意在一定对象上的强度特征，网状激活系统功能在此起了重要作用。此外，其他脑区可能也参与了注意的警觉功能。如通过对脑损伤患者注意维持和警觉功能进行探讨发现，脑损伤患者存在注意维持和警觉功能受损；而由于患者脑损伤部位涉及多个脑区，损伤程度相近者病变部位并不一致，说明参与注意维持与警觉功能调节的脑区并不局限于某一部位。

总之，注意和多个脑区相联系，它既不是某一脑区的特性，也不是全部脑区的功能。它是通过一系列脑区的神经网络活动来实现的。

（二）感知

感觉是人们对客观事物个别属性的反映，知觉则是对其各种属性的综合反映。感知是个体认识世界的第一步。人的各种感觉器官将所感受到的感觉刺激，通过感觉冲动沿着神经通路将信息以物理化学的方式传到大脑皮层相应区域，从而使人对周围环境的存在有感知、有认识。

感觉信息首先被传递到大脑相应的初级感觉区，此时引起简单粗糙的感觉，如手脚发麻、针刺感或看到闪光、火星或听到“沙沙”“嗞嗞”等声音。初级感觉区破坏，则大脑无法形成感觉，发生“视而不见”“听而不闻”等现象。

感觉信息的进一步加工是在初级感觉区附近的感觉联络区。只有在这里，信息才升华到具体“成形”的感知。如果初级感觉区保留，而感觉联络区有损害，则患者能感受到，但不具体，不“成形”，因此也就不能理解。如枕叶初级视觉中枢完好，而相邻视觉联络区受损，则患者虽然并不失明，但看不懂。

对感觉联络区产生的“成形”感觉，大脑进一步进行综合，并与经验对照比较，最后产生有声有色有情的复合感知。这就是感觉总联络区的功能。感觉总联络区（感觉联络区的联络区）位于颞上回后部和角回前部。当感觉总联络区受到刺激时，可产生复杂的幻觉，如童年情景在眼前重现、亲友谈话片段或乐曲旋律的重新体验等。这种旧境“重现”“重演”，有声有色，栩栩如生，甚至包括当时的感情色彩、思维反应都丝毫不变地一起伴随出现。所以通过感觉总联络区，人产生的知觉才是完整的、丰富的。

大脑某些区域受损伤后，往往出现知觉障碍。如任何一侧顶叶损伤会引起左右分辨障碍，患者不能命名或指出自身或对方身体的左右侧；右侧脑损伤患者往往出现空间关系障碍，患者在观察两者之间或自己与两个或两个以上物体之间的空间关系和距离上均表现出困难。

（三）记忆

记忆和其他心理活动一样，有其生理基础。近年来，认知心理学和神经生理学进一步结合，促进了对记忆系统本质的探索。尤其是随着科学技术的发展，研究人员可以对大脑进行无损伤的结构和功能成像（如脑电图、正电子断层扫描等），并将这些方法广泛应用于对人类认知活动的研究，在记忆研究领域，取得了一系列令人鼓舞的成就。具体来说，这些研究成果主要表现在以下两方面。

一是进一步明确了与记忆有关的脑区位置。如前额叶皮质是工作记忆的一个重要脑区。前额皮质损伤的病人工作记忆表现出明显障碍，只有利用近期的资料才能在执行某一任务时作出正确的决定。如果前额叶内神经通路的功能出现障碍,脑会把外部世界感觉为一系列不连续的事件;患者的行为只受即刻刺激所左右,脑内当时的信息和以往存储的信息对行为失去了指导作用。而边缘系统与间脑则与陈述性记忆有关。近年来,海马区在记忆中的作用进一步得到确认。许多实验表明,大范围的双侧海马区损失会出现对近期事实记忆的能力丧失,但远期记忆力不受影响;而以近期记忆力下降,最终导致自理能力丧失为特征的老年痴呆症患者,最典型的病理变化就是海马结构萎缩。这说明,海马区在记忆中的作用是巩固新学得的联系,然后将这种联系的产物——对事物、事件和规则的记忆,收集、贮存在大脑皮质的另一些区域。

二是探索了神经递质、核酸和蛋白质与学习记忆之间的密切联系。中枢胆碱能突触的功能与短期(或近期)记忆有关。当给动物注射M-胆碱受体的拮抗剂时能够抑制记忆的获得,注射小剂量的东莨菪碱(东莨菪碱能够封闭乙酰胆碱受体,因而是一种抗胆碱药物)也可以降低正常人的近期记忆力,且大剂量甚至可以引起意识消失。所以在有些临床实践中,东莨菪碱常被用来帮助产妇分娩,但使用这种药物后产妇往往不能回忆分娩时的情况。γ-氨基丁酸(GABA)是中枢神经系统内重要的抑制性递质,它对学习记忆也有重要的调节作用。γ-氨基丁酸局部注射于相关的大脑皮层运动区或感觉区可暂时地抑制条件反射的出现。在训练后注射GABA的拮抗剂对记忆保持有增强作用,而注射GABA的激动剂则使记忆保持遭到损坏。对训练后的小鼠进行测定,发现其脑内核酸含量、前庭核蛋白合成量、海马和视皮质合成蛋白量均显著增加。这说明,核酸和蛋白质是学习和记忆的必要物质基础。

(四)思维

思维的神经学基础非常复杂。即便是一个极其简单的前角运动细胞也约有10 000多个突触,一个大脑皮层神经细胞的突触可以多达300 000个。所以即使是很大范围脑的切除或脑皮层破坏也不会使思维活动完全丧失,但大脑某一局部的病变可影响思维的某一方面。如左侧半球颞上回后部是司管词句记忆的,这一部分的损伤会导致言语听觉记忆障碍。这种病人记不住用口语表达的问题,因而连很简单的口算题都很难解决。如果算题以书面方式呈现,情况稍微好些;但是由于在解决问题时仍然需要中间的言语环节,所以,病人要完成解题的整个推理过程非常困难。又如,左侧顶一枕区系统的损伤会引起同时性综合能力的严重破坏。病人虽能记住算题,并主动尝试解题的方法,但由于不能理解逻辑-语法结构(如不能理解“甲的苹果是乙的两倍”或“甲的苹果比乙多两个”等基本的逻辑条件),因而仍不能解答算题。

要完成复杂的思维活动,离不开多个脑区的协同作用。如罗劲的研究发现顿悟过程激活了包括额叶、颞叶、扣带前回以及海马区在内的广泛脑区。具体表现为海马区与新异而有效的联系的形成有关,问题表征方式的有效转换依赖于一个"非语言的"视觉空间信息加工网络,而思维定势的打破与转移则依赖于扣带前回与左腹侧额叶。

言语思维活动是人与动物的主要差异,所以对思维的脑机制问题,难以利用动物模型进行实验研究。思维的脑机制的研究在过去进展得非常缓慢,它与生理心理学的其他研究领域如学习、记忆相比还显得十分幼稚,有待进一步发展。

二、情绪活动的生理基础

(一)情绪的脑结构基础

众多研究表明,边缘系统在情绪的发生中起重要作用。如刺激杏仁核可产生恐惧感觉,杏仁核受损伤的病人对恐惧、愤怒等识别有困难,这些表明杏仁核参与了负性情绪的加工。近来有研究认为海马区在情绪行为的背景调节中起关键作用,海马区损伤的个体会在不适当的背景中表现出情绪行为,且海马区损伤的体积与特质焦虑等负性情绪呈正相关。临床发现,切除扣带前回的病人失去了恐惧情绪,在社会活动中变得冷漠无情。这说明扣带前回可能对负性情绪的评价起主要作用。还有人用尖端埋藏在下丘脑的电极对未麻醉的动物进行逐点刺激,发现动物有两类行为反应:一是斗争,如发怒的模式(怒吼、发出"嗞嗞"声、耳朵后倒、竖毛等);二是逃避,如恐惧的模式(扩瞳,头左右转动,最后逃走)。刺激动物的下丘脑时,动物也出现愤怒和恐惧行为。因此,下丘脑被认为是支配愤怒和恐惧的中枢。

(二)中枢神经介质与情绪的关系

具体表现为,愉快时肾上腺素排出最高,不愉快时稍低,安静时最低。当看风景片时,尿液中肾上腺素(EP)和去甲肾上腺素(NE)的排出量均降低;看攻击性影片和戏剧片时,EP 排出量增加,NE 无变化;而看恐怖片时,EP 和 NE 排出均增加。在适当的情绪压抑条件下,个体血液和尿液中的 EP 都比无威胁条件下明显提高,并且可以稳定在相当高的水平。看来人的情绪压抑与血液和尿液中 EP 水平增高有关。此外,5-羟色胺在调节人的情绪方面也起重要作用:人体内 5-羟色胺水平越低,其攻击性越强。

三、人格特征的生理基础

人格是个人所特有的思维、情感和行为模式,它表征着一个人独立于他人、区别于他人的特性总和。人格特征的发展不仅受到环境的影响,也受到遗传因素的重要影响。阐明人格遗传的生物学基础对于认识人格的形成和发展、正常人格的培养和异常人格的干预非常重要。人格特征受生理基础的影响的证据主要表现在三个方面。

(一)人格特征的行为遗传学基础

双生子研究表明,在许多人格特征上,同卵双生子的一致性相关比异卵双生子更高(平均相关系数分别为0.50和0.30),而且即便是分开抚养的双胞胎也具有相当相似的行为模式。有关收养的研究表明,虽然收养子出生后不久就和他们的养父母生活在一起,但他们之间的相似性却极低。另一方面,尽管他们和他们的生父母分开了,在他们之间仍有中等程度的相关。同时,收养子与其亲生兄弟姐妹之间也比跟他们有收养关系的兄弟姐妹之间有更多的相似。这些数据再次说明了遗传在人格特质中扮演着重要的角色。

随着五因素模型的出现,研究者开始追寻这五个维度是否受遗传基因的影响,也基本上得到了肯定的答案。

(二)人格特征的脑结构基础

临床证据表明,脑的局部受伤会导致人格和行为的改变。如扣带前回损伤的病人表现出维持社会关系能力和在社会背景中作出有用决定能力的损害。而且,这个区域的早期损害表现出毕生社会习俗适应能力低下。还有研究发现,外倾型被试者在积极图片的作用下比内倾型被试者激活了更多的脑区,包括额区、扣带前回和杏仁核,而内倾型的被试者对积极图片刺激没有显著的激活。

(三)人格特征的神经化学基础

一项关于青年抑郁症病人的研究发现,与正常人相比,抑郁症病人在扣带前回处的谷氨酸(Glx)比正常人低19%。这说明情绪障碍与该脑区神经化学成分的异常有关。另一研究考察了内、外倾正常个体脑内四种神经化学物质(Cho, ml, α-Glx, NAA)的浓度在扣带前回的差异。结果发现,内倾者在扣带前回的三种神经化学物质的水平(Cho,α-Glx与mI)显著高于外倾者。这一结果给出了扣带前回与人格特质有关的新证据,并在一定程度上说明内倾者的唤醒水平高于外倾者,为人格的心理生物理论提供了神经化学方面的依据。

静态的脑结构和个别的神经化学物质并不足以说明人格特征的个体差异,人格和大脑的生理过程紧密相联,需要从系统的角度加以解释。因此不少人格研究者提出了人格发生的生物学理论,并据此探讨人格的生理机制。如巴甫洛夫(Pavlov)学派认为,神经系统的类型特点是人格的生物学基础。人格特征与个体的大脑皮质细胞群配置特点以及细胞层结构的个体特点有关。而艾森克和朱克曼(Eysenck & Zuckerman)则认为,个体人格和行为表现上的不同是由大脑皮质的上行网状激活系统(ARAS)决定的。艾森克认为,内倾者的ARAS的觉醒水平天生就比外倾者高,因此当同样强度的客观刺激作用于内倾者和外倾者时,内倾者所体验到的强度就比外倾者要强。同时,由于内倾者具有更高的激活基线,所以为达到某一先定的非觉醒水平,内倾者就会比外倾者需要更多的抑制药物。例如给予同样数量的酒精,外倾者会比内倾者醉得更深。朱克曼分析了感觉寻求差异的生理基础。他发现当个体感受到的刺激强度不同时,其脑电活动会发生变化。一些人(高感觉寻求者)随着刺激增强,脑电波升高;另一些人(低感觉寻求者)则随着刺激增强,表现出脑电波反应的降低。这就意味着高感觉寻求者对刺激是开放的,他们更好奇、更活跃、更具有探索性,并且获取新刺激更快;而低感觉寻求者则对过强的刺激有较强的防御机制,力图保护自己以免受到过多的刺激。这两种方式各有优缺点。高感觉寻求者在竞争等过度刺激情况下能表现得更好;但他们可能在需要不能满足时表现出反社会倾向,甚至是躁狂行为。低感觉寻求者对生活中的各种环境更能适应,但当事情变得太过激烈时,他们也许会产生心理封闭。

克洛宁格(Cloninger)强调神经递质在人格特征中的作用,认为一元胺神经递质是人格特征的基础。三种重要的神经递质分别对应三种人格特质:多巴胺——新奇寻求、血清素——伤害避免、去甲肾上腺素——奖赏依赖。低水平的多巴胺、血清素、去甲肾上腺素分别导致了新奇寻求、伤害避免、奖赏依赖。根据克洛宁格的解释,人们追求新奇、激动和刺激是对低水平多巴胺的一种补偿行为。血清素与伤害避免、去甲肾上腺素与奖赏依赖的关系也是这样。克洛宁格的理论也有助于解释酒精依赖症等精神病性行为。她认为,造成酒精依赖的原因是多方面的,有的是通过饮酒产生新奇寻求的快感来补偿低水平的多巴胺,有的则是为了缓解伤害带来的持续压力和焦虑。

总的来说,人格的生理机制非常复杂,神经活动类型、激素、脑内神经化学物质都可能构成人格的生理机制。同时,遗传和环境在人格形成中的交互作用也异常复杂:是生物基础决定了人格的形成与发展,还是人类行为的改变也会引起生理基础的改变？目前还没有定论。

四、社会行为的生物基础

（一）性取向

有关性取向基因影响的研究可追溯到30多年前。艾森克报告了同卵双生子成年后同性恋行为发生的一致率显著大于异卵双生子。另一些关于男同性恋者和女同性恋者的双生子研究也发现在每一个个案中，同卵双生子是同性恋者的可能性是异卵双生子的两倍以上。

对男同性恋者家族史的考察发现，在家族中，母方的同性恋亲戚（舅舅或姨妈）比父方更多。这表明同性恋基因也许在X染色体上（儿子经常从母亲那里获得）。再研究被试验者从母亲那里继承来的基因，结果发现大多数男同性恋者的X染色体上都有一块相似的区域，这在一定程度上表明了同性恋的基因基础。一直以来，人们都非常不解：虽然同性恋者不像正常人一样生养后代，但他们却没有一代代地逐渐消失，其原因何在？而如果同性恋基因是在X染色体上的话，就能解释这一点。也就是说，男人和女人一样都携带X染色体，因此这种基因能一代代传递而不在行为中反映出来。

另有神经内分泌学家发现，胎儿期性腺和肾上腺分泌的性激素随血液作用于脑组织，刺激脑发育中的性别形成机制，从而决定其出生后的行为类型。如胎儿期性激素分泌不足的雄鼠，出生后可能会出现雌性行为。但人类的性行为比较复杂，如个体并不是从青少年起就有异常性行为，很多人在成年或中年时才表现出明显的性心理障碍。因而这种胎儿期决定论的神经内分泌理论，无法解释人类行为的复杂性。

（二）人际吸引

拉什顿等认为基因相似性影响人际吸引。拉什顿对一些夫妇进行血液检验，发现具有性卷入的夫妇的基因标记有50%是一样的，而若把这些人随机配对（而不是让他们自己选择伴侣），他们则只共有43%的基因标记，差异非常显著。进一步的研究还发现，那些有孩子的夫妇共有52%的基因标记，没有孩子的夫妇仅共有44%。这说明人们也许更容易被那些与自己有相似基因的人吸引，并发生性卷入。

当然，这种吸引影响也并不只限于两性之间。在日常生活中，人们往往倾向于同那些与自己相似的人建立友谊。拉什顿对彼此是亲密朋友的配对男性进行重复研究（所有这些人都是异性恋者，所以这些友谊没有性的成分），发现配对朋友的基因标记有54%的共同之处,而随机配对的人仅有48%的共同之处。这再次表明了基因相似性在一定程度上导致了人际吸引。

那人们是如何识别基因相似的呢?这很难说。一种可能性是人们常常被与自己具有相同面孔和体型的人所吸引。也就是说,那些跟你相似的人看起来就像一家人,因此就吸引你了。另一种可能性是基因相似性是通过气味传播实现的。因而,也许在你还没有意识到的时候,你已经通过细微的生理线索识别出了那些与你相似的人。显然,人类的伙伴选择不是随机的,人们往往根据各种特征来选择伙伴。在通常情况下,与自我的相似性是影响伙伴选择的重要特征。

(三)攻击行为

攻击是一种常见的社会行为。尽管攻击行为和多种因素有关(如家庭熏陶、社会环境以及自然气候等),但不少研究表明,攻击行为也受到生物神经基础的影响。这方面的证据表现在:首先,遗传学的研究表明异卵双生子在攻击分数上未达到显著相关,而同卵双生子在攻击分数上有相当显著的相关。

其次,在神经结构上,通过对动物、患者和正常人的研究发现,与攻击行为相关的脑区主要是颞叶、前额叶皮质和下丘脑等。颞叶功能障碍可能是人暴力攻击行为产生的基础。雷恩等作脑MRI检查显示,暴力行为个体(已被诊断为反社会人格障碍者)前额叶灰质体积较正常人小。在脑外伤病人中,前额叶损伤者有攻击行为,表现为易激惹、易怒、冲动攻击;刺激人类和猴子的眶额和前额叶皮质腹外侧能抑制愤怒和攻击行为。另有对动物的研究表明,大脑最古老、最原始的部位——下丘脑(或下视丘)与暴力行为有关。

第三,攻击行为也与激素有关。对男性罪犯的研究表明,睾丸激素高的犯人比睾丸激素低的犯人更多地违反监狱的规定,并在监狱里更具有控制性;且高浓度的血浆睾酮与攻击行为的增加密切相关。在对女犯和年轻男性的研究中也有同样的结果。对于非犯罪人群,也发现睾丸激素高的人更可能袭击他人、有大量的伙伴、滥用酒精和其他药物。在成长过程中,他们更可能与父母、老师、同学有矛盾;在谈话中,睾丸激素高的人比低的人更不友好,在与对方的注视中,他们表达了更多的控制信息;低睾丸激素的社团成员对人友好且经常微笑,而高睾丸激素的社团成员则更粗鲁。

第四,多种神经递质如5-羟色胺、去甲肾上腺素、多巴胺等对攻击行为也有调节作用。如有研究发现,脑脊液中低水平的5-HIAA(神经递质5-羟色胺的终端代谢产物)与纵火等带有明显冲动性的暴力性犯罪相关。克鲁齐对29例青少年破坏性行为障碍的研究也发现脑脊液的5-HIAA含量与青少年自我报告的针对他人的攻击行为和情绪数量呈负相关。索德斯特罗姆的研究报告显示，22 例攻击行为指向外的暴力性犯罪者也表现为脑脊液中 5HIAA 降低、HVA（高香草酸，即儿茶酚胺、多巴胺和尿香草扁桃酸 VMA 的终端代谢产物）升高。

由上可知，不同的神经解剖结构和脑区、神经递质系统、激素以及遗传因素皆与攻击行为相关。但攻击行为是生理、心理、社会、物理因素相互作用的结果。如前文提到，刺激下丘脑会引起动物的攻击行为。但就高等哺乳动物来说，这种本能的攻击行为是受大脑皮质控制的，受经验影响。例如，在群居的猴子中有一种支配性的等级制度：一两只雄猴为首领，而其他猴子则处于各级水平的从属地位。猴王的下丘脑受到电刺激时，它会袭击下属的雄猴，但不袭击雌猴。下级猴受到同样的刺激时，则会退缩，表现出顺从的行为。因此，并不是刺激下丘脑就会自动地引发猴的攻击行为；相反，猴子在作出反应时，会考虑到环境及过去的经验。人类也是如此，其攻击行为也有生理基础、神经机制，并受到大脑皮质的控制，与心理、社会因素密切相关。

第三节　心理健康的标准与重要意义

提升大学生网络心理健康素质，必须明确网络心理健康素质的概念及网络心理健康的标准。我们试图从国内外心理学家关于心理健康标准的研究以及国内关于大学生心理健康标准的研究中，进一步探讨大学生网络心理健康的标准。

一、国外心理学家关于心理健康标准的研究

（一）国外心理学界关于心理健康的定义

国外心理学界关于心理健康的定义是根据对“健康”概念的理解提出的。1948 年世界卫生组织提出了健康新概念，指出：健康不仅仅是没有疾病，还包括身体上、心理上和社会上的完好状态或完全安宁。1989 年世界卫生组织丰富了健康的新概念，认

为健康不仅是没有疾病，而且包括人的躯体健康、心理健康、社会适应良好以及道德健康。同时世界卫生组织给出了健康的10项标准，即：①有足够充沛的精力，能从容不迫地应付日常生活和工作的压力而不感到过分紧张；②处事乐观，态度积极，乐于承担责任，事无巨细不挑剔；③善于休息，睡眠良好；④应变能力强，能适应环境的各种变化；⑤能抵抗一般性感冒和传染病；⑥体重适中，身材匀称，站立时头、肩、臂位置协调；⑦眼睛明亮，反应敏捷，眼睑不发炎；⑧牙齿清洁，无空洞，无痛感，牙龈颜色正常，无出血现象；⑨头发有光泽，无头屑；⑩肌肉、皮肤富有弹性，走路轻松有力。

1946年第三届国际心理卫生大会曾为心理健康下过这样的定义："心理健康是指在身体、智能以及感情上与他人的心理健康不相矛盾的范围内，将个人的心境发展成最佳的状态。"世界心理卫生联合会提出心理健康的标志是：①身体、智力、情绪十分协调；②适应环境，人际关系中能彼此谦让；③有幸福感；④在工作和职业中能够充分发挥自己的能力，过有效率的生活。

（二）国外心理学家关于心理健康的人格模式

国外心理学家在研究和探讨中提出了一系列人格模式作为心理健康标准，这些标准主要有以下模式。

1. 奥尔波特的"成熟者"模式

奥尔波特（G. W. Allport），美国哈佛大学心理学家。他认为健康个性不受无意识力量的控制，其功能发挥是在理性和意识水平上进行的。他提出健康个性有七个特征：①自我意识广延，即心理健康者会主动、直接地将自己推延到自身以外的兴趣和活动之中；②自我同他人关系融洽；③有情绪安全感；④知觉客观，即能客观地知觉现实，并实在地接受现实；⑤有各种机能，并专注于工作；⑥有现实的自我形象；⑦有内在统一的人生观。

2. 马斯洛的"自我实现者"模式

马斯洛（A. H. Maslow），美国人本主义心理学的创始人之一。马斯洛提出的心理健康标准是从世界近代史上38位成功的名人的人生历程中归纳出来的，可说是一种尺度最严的"精英标准"。他通过对心理健康水平出众的人进行跟踪、观察和综合研究，并根据自己的需要层次理论，提出了心理健康模型。他认为心理健康的人应该是自我实现者，他们应具备以下特点：①良好的现实知觉。②接纳自然、他人和自己。③自发、坦率、真实，即心理健康者完全不存在装假的情况。他们有充分的自信和安全感，足以使他们自发、坦率、行为自然，并能真实表现自己。④有责任感和献身精神。⑤有独处和自立需要。⑥功能发挥自主。⑦愉快体验常新。⑧有神秘或顶峰体验。顶峰体验可使人们体会到强烈的醉心、狂喜和敬畏的情绪。处于这种情绪之中时，人们会体验到强烈的力量、自信和决断的意识。⑨有社会兴趣。⑩人际关系融洽。⑪有民主性格结构。⑫有创造力。⑬对手段和目的、善和恶有辨别力。⑭具有富有哲理的、善意的幽默感。⑮抗拒遵从，即心理健康者是自我定向，而不是他人定向。虽然他们并不有意识地轻视社会习俗和规范，但仍然能够走自己的道路，抗拒遵从他人观念、行为和价值观的压力。

3. 罗杰斯的“功能充分发挥者”模式

罗杰斯（C. Rogers），美国人本主义心理学的创始人。他认为，一个自身功能充分发挥者有五个特点：①他们能够接受一切经验。心理健康者能够体验一切情绪和态度。他们不去歪曲或掩饰这些经验，也不害怕这些经验。②他们可时刻保持生活充实。心理健康者很少有防卫心理。他们能不断接受各种新经验的影响，他们的个性对于发生在他们生活中的每一件事都是开放的。③他们信任自己的机体。心理健康者较为依赖对情境的“感受”，而不怎么依赖理智或智力的因素。他们能够依照瞬间的和直觉的冲动来行动。这使他们有很大的自发性和行为自由。④他们有自由感。他们相信，自己的命运把握在自己的手中，感到对于自己所期望的一切东西，自己都有能力去做，也有能力达到目的。⑤他们具有高创造性。

4. 弗洛姆的“创发者”模式

弗洛姆（E. Fromm），德国心理学家，新精神分析学派代表人物。他从人接受爱的能力、思维能力、幸福与良心四个方面界定被他称之为“创发者”的健康个性。①创发性爱情。心理健康者的爱情是一种自由、平等的关系。在这种关系中，相爱的双方都可以保持他们的个性。一个人的自我在另一个人的爱情之中不是被泯灭，而是得到进一步发展。②创发性思维。创发者对思维对象的考察，是以客观、尊重和关心的方式进行的。③幸福。创发者都是幸福的，这种幸福不只是愉快的体验，它同时也是一种生机盎然、充满活力、身体健康和个人各种潜能得到实现的状况。④良心。支配心理健康者的良心是自我的心声，而非外在的力量。它的作用是引导人以一定的方式行动，这些方式能够带来外部赞许，实现个性的充分发展和表现，并使人获得幸福感。

二、我国心理学界关于心理健康标准的研究

我国心理学界围绕心理健康标准的研究提出了不少有价值的观点，这些观点主要包括确立心理健康标准的依据、心理健康标准的类型及确立思路，以及具体的标准。

（一）关于确定心理健康标准的依据

我国学者认为，国内外心理学界提出了各种心理健康标准，造成对心理健康标准看法差异的原因首先是确定心理健康标准的依据不同。综合有关文献，可把确定心理健康标准的依据归类为以下几种。

1. 以统计学上的常态分布为标准

这种标准以正态分布理论为基础，根据个人的心理行为是否偏离某一人群的平均值来区分心理健康与否。这种标准的优点在于可使心理健康状态客观、具体、量化，便于比较和分类，易于操作，反映了心理健康标准的相对性。但并非所有的心理健康现象都是正态分布的，也不是所有对平均值的偏离都意味着心理健康有问题。

2. 以社会规范为标准

这种标准以每个社会都有某些被大多数人所接受的行为标准为前提，认为行为符合公认的社会行为规范为健康，反之则被视为异常。这一标准是以人的行为的社会意义为出发点的。但社会规范本身存在着地域性、历史性的特点，因而衡量一个人的行为是否符合社会标准也就随之有异，且社会规范也会随着社会的进步而发生变化和改苎，现在一度被看成不符合社会规范的行为将来也许正是社会所推崇的。

3. 以社会生活适应状况为标准

这种标准认为心理健康的人是社会适应良好的人，可以把社会适应程度的高低作为衡量一个人的心理是否健康的最终标准。心理健康中的社会适应是多方面的。它包括对外部环境的适应，与环境达到和谐统一，也包括对自身的适应，使自身的心理各个方面达到和谐统一，并且心理能得到发展。这种标准有一定道理，现实中赞成这一标准的人也不少，但实际上社会适应的好与坏并不完全由心理素质决定，因而也有其局限性。

4.以医学上的症状存在与否为标准

这种标准是从医学角度来进行确定的,认为没有心理疾病症状者为心理健康的人,凡表现出心理疾病症状者为心理不健康的人。这种医学标准相较于其他标准而言,较为客观也较少争议,然而由于偏重于病因与症状而使得其适用范围狭窄。

5.以个人主观经验为标准

这种标准认为,当事人如自觉痛苦、抑郁等,则被认为心理不健康。应该承认,在判定一个人心理是否健康时,个人的主观体验是一个重要的依据,但这个标准往往只是作为一个辅助依据,用于基本正常的人群。因为有些严重的精神疾病患者反而自觉愉快或坚决否认自己有"病",而这恰恰是不健康的证据,故这一标准也有局限性。

6.以心理成熟与发展水平为标准

这种标准认为个体身、心两方面成熟和发展相当者为正常,心理发展水平较同龄人明显偏低者为异常。以这种标准来判定心理健康与否具有一定合理性,但会面临这么一个问题:"智力超常者是一种异常,这种异常又该是怎样的异常呢?"此外,这一标准还忽视了个体的社会性一面,客观性也不够,缺乏操作性。

7.以心理机能的充分发挥为标准

这种标准认为,所谓心理机能是指个人心理活动的方式和特点及其有效性。个体若能有效地反映现实,解决面临的问题,达到对环境的良好适应,并且指向更高水平的发展,就是机能健全的,就是心理健康的。

以上依据都有一定道理,也存在一定局限性。

(二)关于心理健康标准的类型及确立思路

在心理健康标准的研究中,从方法论的层面看,有学者认为存在着两种思路:一是遵循"众数原则"的思路,二是遵循"精英原则"的思路。因此,心理健康标准可分为精英标准、众数标准和临界标准三种类型。精英标准是以成功人士的状况为标准,是心理非常健康的标准,如马斯洛的"自我实现者"标准。众数标准是以人群中的大多数状况为标准,比精英标准的要求低一些。临界标准则认为,没有精神病,心理就是健康的,这是最起码的心理健康标准。

综观上述确立心理健康标准的依据的研究,有学者将心理健康的标准分为客观标准和主观标准两大类型。客观标准以客观现象为依据，如统计学标准、社会常态标准、社会适应标准等。主观标准以主观感受为标准。但二者都有局限性。我们认为，判断心理是否健康，应将客观标准和主观标准结合起来。

国内专家学者在探讨心理健康标准类型时，也提出了一些有价值的观点。有专家认为心理健康有广义、狭义之分。广义的心理健康是指一种高效而满意的、持续的心理状态；狭义的心理健康则指人的基本心理活动过程的内容完整、协调一致，即认识、情感、意志、行为、人格完整和协调。有学者认为，心理健康是有等级的，大致可分为严重病态、轻度失调、常态、很健康四个等级，其中常态到很健康是一种趋势，即从正常的心理健康水平向更高的心理健康水平发展。

（三）关于心理健康的具体标准

我国专家学者提出了许多关于心理健康和大学生心理健康的具体标准，特选择介绍以下内容。

美国心理学家马斯洛和密特尔曼（Mjttelman）提出了心理健康的10条标准：①具有适度的安全感。安全感是人的基本需要之一，主要内容是生活中要有自信心，对自我成就有价值感。如果惶惶不可终日，人会很快衰老；抑郁、焦虑等不良情绪的干扰，会引起消化系统功能的失调，甚至会导致身体的病变。②具有适度的自我评价。这是指对自己的行为既不过分夸耀，也不过分苛责。如果勉强去做超过自己能力的工作，就会显得力不从心，给自己带来较大的压力，于身心健康大为不利。③具有适度的自发性与感应性。由于社会生产发展水平与物质生活条件有一定限度，我们的生活不宜过分脱离现实基础，日常生活要有适度的主动性，但也不能为环境所左右。④能与现实环境保持良好的接触。因为人的精神需要是多层次的，与外界接触，一方面可以丰富自己的精神生活，另一方面可以调整自己的行为，以便更好地适应环境，理智、客观、现实，与现实有良好的接触，能忍受生活中的挫折与打击，无过度的幻想。⑤适度地接受个人的需要，并具有满足此种需要的能力。⑥有自知之明。人须有自知之明，了解自己的动机与目的，对自己的能力能做客观的评定；个人的价值观能适应社会的标准，对自己的工作能集中注意力；个性中的能力、兴趣、性格与气质及各个心理特征必须和谐统一，从而可以得到最大的施展。⑦能保持良好的人际关系。人际关系中，有正向积极的人际关系，也有负向消极的关系，而人际关系的协调与否，对人的心理健康有很大的影响，良好的人际关系，让人有爱与被爱的能力。⑧能适度表达与控制自己的情绪：人都有喜怒哀乐，对不愉快的情绪必须予以释放，以求得心理上的平衡，但不能发泄过分，否则，既影响了自己的生活，又加剧了人际矛盾，同样于身心健康无益。⑨充分发挥自己的个性。个人的才能和兴趣爱好应该充分发挥出来，但不能妨碍他人利益，更不能损害团体利益，否则会引起人际纠纷，徒增烦恼，无益于身心健康。⑩在不违背社会规范的前提下，能恰当地满足个人的基本要求。当然，必须合法化、合理化，否则将受到良心的谴责、舆论的压力乃至法律的制裁，自己毫无心理健康可言。

许又新提出应该按三种标准来全面衡量人的心理健康水平：①体验标准——以个人的主观体验和内心世界为准，主要包括良好的心情和恰当的自我评价；自我感觉良好，对自己的评价很适当，不过高地估量自己，也不过分地贬低自己，自己对自己有一个稳定而客观的评价标准，不受他人评价的影响，不会过分担心别人对自己的看法。②操作标准——通过观察、实验和测验方法考察心理活动的过程和效率，主要包括个人心理活动的效率和个人的社会效率；就是做事情比如工作或学习是否可以正常进行，是否可以达到满意的效果，人际关系是否存在问题，是否可以很融洽地和别人相处，从而能够顺利地达成与他人合作与交流的目的。③发展标准——着重对人的心理状况进行时间纵向的考察分析，指有向较高水平发展的可能性，并有使可能性变成现实的切实可行的行动措施，就是是否有理想、有目标，并且可以把这些理想和目标实现，让自身得以发展。

三、心理健康的一般标准与大学生心理健康的标准

综合国内外专家学者的研究，我们提出以下心理健康的一般标准及大学生心理健康的标准。

（一）心理健康的一般标准

我们试图从人们的心理过程——认知、情绪情感、意志与个性心理四个方面，提出心理健康的一般标准。我们认为心理健康的人应该具有基本符合客观的认知、良好的情绪情感、坚强的意志品质与健康的个性心理。

1. 基本符合客观的认知

人们的认知包括客观认知和主观认知。客观认知又包括对自然的认知、对社会的认知。心理健康的人具有基本符合客观的认知表现在能正确地认识自然和社会，必须智力正常，这是最基本的要求。除此之外，还必须有科学的世界观和方法论。基本符合客观的认知更重要的是要有良好的主观认知。主观认知包括对各种思想观点的认知和对自我的认知。只有确立了科学的世界观和方法论，才可能对各种思想观点进行

正确的分析，使主观与客观相统一。基本符合客观的认知还要求有良好的自我意识。自我意识是指一个人对自己的意识，它是一种多维度、多层次的心理系统。一个心理健康的人首先得有良好的自我意识。而良好的自我意识首先表现在“自知”。“人贵有自知之明”，可见自知并不容易。自知就是要能正确认识自己，既不要自以为老子天下第一，妄自尊大，也不要一味瞧不起自己，妄自菲薄。然后要能“自尊、自爱”。“世界上没有两片完全相同的树叶”，每个人都是有自己特色的、独一无二的，要珍视自己。爱自己才能爱他人，自尊才能被别人尊重。再次是在“自知、自尊、自爱”的基础上能自我调控自己，并具有充分的、真实的自信心。自我调控指能自我监督、自我激励、自我动员、自我控制，并有建立在真实的自我认识基础上的自信，因为“自信是成功的第一秘诀”。总之，具备了基本符合客观的认知，才能准确地了解你自己，欣然地接纳自己，有效地调控自己，始终地支持自己，充分地展示自己，并不断地完善自己，处理好自己与自然、与社会、与他人的关系，始终保持良好的心理状态。

2. 良好的情绪情感

稳定愉快的情绪和丰富深刻的情感是心理健康的重要标志。而要保持良好的情绪情感就必须有良好的应对方式。人的一生始终处于不断的追求、不断的选择、不断的失意、不断的受挫之中，因而人们可能常常感到焦虑和痛苦，于是会自觉不自觉地采用各种方式方法来应对这些痛苦。一个心理健康的人应该有健康合理的并适合自己的有效的应对方法，以减轻、排解或解除痛苦，始终保持乐观向上的生活态度。

3. 坚强的意志品质

意志的自觉性、果断性、坚持性和自制性是良好意志品质的基本特征。要锤炼良好的意志品质，提高个人的社会功能。社会功能是指一个人在社会上生存和发展的能力。首先，人际交往是最基本的社会功能。美国教育家卡耐基指出，现代社会人们事业取得成功，在依靠自身能力的同时，更重要的则是人际关系。和谐融洽的人际关系是心理健康者最基本的要求之一。其次，社会适应能力是很重要的社会功能。与社会协调一致，善于适应环境是一种生存能力。心理健康的人应能用理智改变自己不适应现实的态度，调整自己的需要和期望值，适应发展着的社会环境。最后，一定的创造力是知识经济社会生存和发展不可缺少的一种社会功能。“知识经济社会只相信成功者，不相信眼泪”“不创新，就灭亡”。心理健康的人应充满创造力，只有这样，才能在知识经济社会中生存和发展。具有良好社会功能的人，行动才会具有自觉性、果断性、坚持性和自制性。

4. 健康的个性心理

在健康的个性心理中，良好的人生态度很重要。一个人良好的人生态度首先来自健康向上的人生观、价值观，这是人生的航标。只有树立了健康向上的人生观、价值观，才能明确人生的目的和方向，人生才有动力，人才能拥有良好的人生态度。其次，要有完整统一的人格，要将自己的需要、愿望、理想、目标与自己的行为统一起来，人格才完整，若二者分离将导致人格分裂。最后，应具有优良的意志品质、自主性和协作意识，这样才能克服人生困难，与人和谐相处，与社会协调发展，永葆乐观向上的人生态度。

（二）大学生心理健康的标准

参照心理健康的一般标准，结合现代社会对人才素质的要求以及我国现阶段大学生身心发展的实际情况，我们认为，大学生心理健康的标准可以概括为如下几个方面。

1. 智力正常

正常的智力是大学生进行正常的学习、工作和生活的最基本的心理条件，是衡量心理健康最重要的方面。从智力测验的角度来看，智力正常的标准应当是智力商数在70以上，低于70为智力落后。我国的大学生一般都是经过高考录取入学的，智力基本在中等水平以上，极少有落后的情况。考察大学生的智力正常与否，关键是看他们的智力能否充分发挥效能，能否适应大学的学习、生活，顺利完成学业。

2. 情绪积极稳定，情感丰富深刻

情绪是衡量心理健康与否的一个显著标志。心理健康的大学生积极的情绪远多于消极的情绪，主导心境是愉悦、乐观和平静的，且能正确而恰如其分地表达情绪。情感是和人的社会需要相联系的高级的社会性情感。心理健康的大学生有较强烈的社会责任感和集体荣誉感，并能珍惜友谊，探索和追求真理，欣赏并向往美好事物，在学习、工作和生活中积极创造美。

3. 意志健全，行为协调

意志健全主要表现在意志品质上。心理健康的大学生意志的自觉性、果断性、坚持性和自制性都获得协调的发展。他们学习、生活的目的明确，能根据现实的需要调整行动的目标，能尊重、听取别人的意见，但又独立思考，不盲目服从。能果断地作出

决定并执行。能专注于学习或其他活动,并在活动中勇于克服各种困难,坚持不懈地为实现目标而奋斗。能为实现目标而自觉地约束自己,抑制自己不合理的欲望,抵制各种外部诱惑。行为协调主要表现在行动的计划性、一贯性与统一性以及言谈的逻辑性等方面。心理健康的大学生能按照行动计划来开展活动,做事有条有理、善始善终。他们行动有规律,言行一致。他们语言逻辑性强,在言谈中思维清晰、有条理并具有批判性。

4. 个性完整统一,内在协调,并有正确恰当的自我意识

心理健康的大学生有积极向上的人生观、价值观和世界观,有高尚的理想、远大的抱负和坚定的信念。他们有坚强的意志、较强的独立创造能力和实践精神。他们勤奋学习、积极工作,为社会的发展和进步不懈地奋斗。他们能把需要、动机、态度、理想、目标和行为统一起来,做到态度与行为相一致,不为了眼前利益而放弃远大目标,不为私欲而背弃良心。同时,心理健康的大学生对自己的能力性格以及优缺点都能作出较客观的评价,不妄自尊大,也不妄自菲薄。他们能够切合实际确定自己的学习和理想目标,能自信、自尊、自爱、自强,能把“理想的我”与“现实的我”有机地统一起来,而且“理想的我”总能在“现实的我”中得到体现,能根据自己的认识和评价来调控自己的行为,使自己与环境等保持平衡。对于自己一些无法弥补的不足和缺陷,如容貌、家庭背景等,也能坦然接受,不作无谓的抱怨。

5. 社会适应良好,言行符合社会规范,并有良好的人际关系

心理健康的大学生能正确客观地认识、评价自己所生活的环境,能坦然面对并接受现实,他们明确自己所处的位置,怀有高于现实的理想和愿望,又不沉湎于不切实际的幻想和奢望。在环境不利时,既不逃避,也不怨天尤人,不自暴自弃,而是通过自己的努力主动去适应环境,积极改造环境。心理健康的大学生的言行基本符合社会规范。当他们发现个人的行为偏离了社会的要求时,能够及时纠正,同社会要求趋向一致。心理健康的大学生有积极的交往态度,掌握一定的交往方法和技巧,在交往中做到诚实守信、和善友爱、宽容尊重、关心合作。他们尊敬老师、团结同学、关心朋友,能不畏强暴、同情弱者,能爱别人、帮助别人,也能接受别人的爱和帮助。他们有一般朋友,也有知心朋友,与大多数人都建立了良好的人际关系。

6. 心理活动特点符合年龄、性别和角色特征,并无心因性生理异常现象

心理健康的人其一般心理特点应该与其所属年龄阶段的人的共同心理特征相一

致，与其性别及在不同环境所扮演的角色相符合。心理健康的大学生充满青春活力、朝气蓬勃、积极向上、敢想敢干、勤学好问、探索创新。在性别特点方面，心理健康的男性大学生表现相对主动勇敢、刚强果断、爽直大方，而女性大学生则相对温柔细致、富于同情心等。在角色特征方面，他们能够根据自己所处的场合，正确把握自己所扮演的角色。心理健康的大学生还应该没有诸如头痛、失眠、注意力不集中、强迫行为等生理异常现象，因为健康的生理是健康心理的基础。

第二章 大学生心理健康教育的发展状况

第一节 大学生常见心理问题

一、环境应激问题

（一）学校环境的变迁

学校环境对大学生尤其是新生有重要影响。对新生来说，他们面临的是陌生的校园、生疏而又关系密切的新群体。多数学生首次远离家门，离开长期依赖的父母以及其他的亲人、朋友和熟悉的环境，意味着今后将开始独立生活，对众多的问题要自己拿主意，自己动手解决。所有这些都会给大学生带来不同程度的环境应激。当这种应激超过一定限度时，大学生就会产生心理健康问题，出现失眠、食欲不振、注意力不集中、焦躁、头疼、神经衰弱等症状，环境适应更加困难，甚至可能擅自离校。一项关于上大学前、后生活事件与大学生心理健康关系的研究表明，影响大学生心理健康的生活事件均为负性生活事件，生活事件能解释大学生心理健康总体水平变异量的 30.1%；上大学后的生活事件对大学生的心理健康总体水平的影响约占27.4%，上大学前的生活事件的影响约占2.6%。

（二）学习条件和方法的变化

这种变化主要表现在两个方面。第一，许多大学生在高中时期是当地的学习尖子，家长、老师都对他们呵护备至，在同学中也备受尊重，自我感觉良好，信心十足。但在集中了各地学习优等生的新群体中，他们可能不再是校园中的宠儿，学习上也可能不再是优等生了。假如对此现实不能恰当地接受和对待，就会产生心理健康问题，表现为自信心降低，有自卑感，甚至会出现强烈的嫉妒心理和攻击行为，从而更难顺应现实。第二，学习方法不当等造成学习困难，比如在新的大学课程中仍沿用已不适用的中学学习方法，结果导致学习成绩不理想。如果忽视学习方法的探讨，使自己在学习问题上疲于被动应付，心理上承受较大压力，则会出现焦虑、紧张等情绪反应，而这些反过来又会严重影响自信心，带来情绪苦恼及自我否认等心理问题。

（三）生活习惯的变化

南、北方学生的换位就学等，带来饮食方面的显著差异和生活习惯的不适应，会造成部分学生的环境应激。如果不能在短期内顺利适应，心理应激便会影响到正常的学习、睡眠等活动，从而出现心理健康问题。另外，随着学生家庭经济情况的改善，大学校园中女生热衷于攀比衣着打扮，男生抽烟饮酒，追求享乐，同学之间各种名目的聚会及游玩等消费逐渐上涨。部分家庭经济能力有限而又爱面子、讲虚荣的大学生很容易因此产生心理问题，如严重的自卑、忧虑、紧张等情绪，甚至引发违纪违法行为。

（四）语言隔阂

个别来自偏远地区的学生，会出现一定程度的语言隔阂应激现象，造成学习困难和交往障碍等，这也会对其心理健康产生不良的影响。

二、与自我有关的不适应

（一）理想自我与现实矛盾的不适应

作为同辈中的佼佼者，大学生步入大学后很自然地会设计出完美的自我和美好的未来。然而现实的种种障碍会阻碍“理想自我”的实现，这一矛盾若处理不好就会严重影响自己的心理健康。虽然大部分学生能试图努力重建被现实排斥的自我，重新树立起自己的人生目标；但也有部分学生企图逃避与现实的矛盾冲突，或者用攻击的方法发泄对现实的不满，或者消极颓废、不求上进、沉溺于玩乐，还有的学生甚至可能因此产生自杀的念头。

（二）自我发展的不适应

处在大学阶段的青年人自我意识增强，并有着强烈的充实自我、发展自我和强化自我的需求。但在追求自我发展的过程中，有的同学顾此失彼，没能达到期望的目标，因此产生了不良心理反应。还有的同学过分放大了自我的“劣势”，忽略了自我的优势，且由于害怕暴露自己的弱点而在交往中采取了回避和压抑的方式，性格变得孤僻、多疑，经常感到烦恼和恐惧不安等。

（三）自我定向混乱

自我定向是青年期的重要课题之一，对某种社会职业的选择、个人终生目标及其展望的形成以及人生观的建立，通常需要在这一时期完成。在这个过程中，部分大学生的自我定向会陷入混乱，产生心理健康问题。他们在多元化的价值体系中很难找到自己的目标及人生观，失去了生命的存在感，不知道自己究竟是什么，结果使自己陷入苦闷甚至绝望之中。

三、人际关系及人格问题

（一）人际交往中的障碍

在大学阶段中，个体独立地步入了准社会群体的交际圈，大学生们尝试人际交往，试图发展这方面的能力并对此作出评估，为将来进入成人社会做准备。在这一过程中，部分学生会遭受挫折，或表现为自我否定而陷入苦闷与焦虑，或企图对抗而陷入困境，并由此产生了心理健康问题。

（二）人格中的不完满

大学生的人格特征在遗传和后天因素的影响下已基本形成。部分大学生存在一些不良的人格特质。一方面，这些不良特质严重影响着他们的学习、人际关系、社会性活动以及进一步的发展和自我完善；另一方面，个体在意识到这些不良特质及其后果却又无力改变的情形下，会表现出消极的心理防御反应及自我否认，从而给自身的健康发展造成严重影响。

四、与性有关的不适应

（一）性意识的困扰

大学生的性生理已发育成熟，与之相伴随的性心理也基本发育成熟。大学生或多或少都存在一定程度的性意识困扰，如性吸引、性幻想、性梦、常想到性问题，以及与之对抗的性压抑等。这种困扰通常只带来一般程度的不安和躁动。但若达到严重的程度，尤其是夹杂了一些不科学的性观念的情况下，就会产生心理问题，从而影响学习、生活、休息等各个方面。

（二）对自己身体意象的不适应

由于种种原因，现代大学生对自己的身体意象极为关注。当个体不能接受自己的身体意象（如肥胖、身材矮小、相貌怪异、有某种残疾等）时，会产生强烈的自我否定、与周围的对抗态度和情感反应，甚至会引发攻击性、逃避性或病理性的行为，从而构成心理问题。

（三）性行为困扰

在未婚大学生中，性行为大多停留在自慰水平，如手淫、触摸等，以及两性之间的一些边缘性性行为，如爱抚、接吻、拥抱等，也有部分学生有性交行为。这类行为，尤其是性交行为，很容易给当事人造成诸多心理压力，严重的也会导致心理问题。

（四）性行为异常

在大学生中，也可见暴露癖、恋物癖、窥阴（淫）癖等常见的性变态，以及同性恋的情况。

（五）早年性经历带来的影响

对具有生物属性的人来讲，性是自然而重要的。事实上，性启蒙远远早于性生理成熟，还在幼年、儿童时期，较表面化的性行为就出现了，比如游戏性性交，异性或同性间相互观察或触摸、手淫等。问题在于，有些大学生仍会遗留一些较严重的心理阴影，由此影响了心理的安宁、与他人的交往,甚至婚恋生活。

(六)失恋造成的不适应

大学生的恋爱现象已相当普遍,失恋的情况也就经常发生。不少大学生把失恋看成极端严重的生活事件,使自己的情绪、自我评价、人际交往、学习、生活规律等受到严重影响,并由此造成诸多心理问题。

五、其他

(一)对重大丧失的不适应

在大学阶段,学生有面对各种意外事件的可能性,当这些事件对个体意义特别重大(客观上的或主观上的)且未能被妥当应对时,就会对其各方面产生严重的不良影响,继而出现心理问题。这些情况包括受严重外伤或患重大疾病、亲人亡故或重病、家乡遭受重大灾害、丧失重要的机遇等。

(二)早年的伤害性体验带来的不适应

一些大学生在幼年、童年,或者青少年时期,曾经历过不幸的事件、境遇,并造成严重的伤害性体验,以至于对他们的行为模式、看待生活的态度,甚至个性产生了恶性影响。进入大学新环境后,他们仍然可能以仇恨、猜疑、逃避、攻击、不合作等行为模式对待周围的一切。这会加重他们的社会适应不良,并影响其自我的发展。这些情况包括父母离异或家庭严重不和睦,被遗弃与收养,家庭及本人长期处在压抑的环境里,长期被伤害或迫害而缺乏爱与同情,以及家庭经济状况长期困窘等。

第二节　大学生心理健康教育的目标和原则

一、大学生心理健康教育的目标

从广泛和根本的意义上来说，教育总的目的就是使受教育者的个性得到全面发展。但就大学生心理健康教育而言，其具体的目标是要形成、维护和促进大学生的心理健康，从而为他们的全面发展提供良好基础。为此，从教育者的角度来说，可以将大学生心理健康教育的目标分为发展性目标与补救性目标；从受教育者的角度来说，又可以分为当前目标与长远目标。当然，这两种区分本身是密切联系在一起的。

（一）发展性目标与补救性目标

大学生心理健康教育的发展性目标是要对大学生的心理素质和心理健康进行有目的的培养和促进，使他们的心理素质不断优化，形成健康的心理，从而能适应社会，健康地成长和良好地发展。补救性目标则主要是针对少数在心理上出现问题的学生，是治疗性的和矫正性的。两种目标结合在一起，是为了增进全体学生的心理健康，提高大学生的学习与生活质量。

（二）当前目标与长远目标

大学生心理健康教育的当前目标往往是针对大学生个体当前存在的问题，如失恋、学习成绩差、被同学轻视、感到人生空虚无聊等，开展及时的心理疏导，以解除当事人即时的心理困扰。长远目标则往往涉及大学生心理素质的提高和健康人格的塑造，使他们有机会重新认识自己、接纳自己，进而欣赏自己，克服成长障碍，使自己的潜能得到充分的发展。在心理健康教育过程中，当前目标与长远目标应当有机地结合起来。

二、大学生心理健康教育的原则

(一)系统性原则

人的心理是一个十分复杂的系统,心理健康教育也应遵循系统性原则。从心理健康教育的对象即大学生来看,他们的心理具有系统性,他们的知、情、意、行紧密联系,心理倾向、心理过程和心理特征相互影响,心理因素和生理因素交互作用,构成一个有机的整体,“牵一发而动全身”,因此不能孤立、静止地看待学生的心理问题,不能“头痛医头、脚痛医脚”。从心理健康教育与其他教育的关系来看,心理健康教育是教育系统的一部分,应同学校的其他教育相结合,渗透到各“育”之中,寓于各科教学之中,寓于大学生的课外活动和校园文化活动之中。从学校与社会的联系上看,学校、家庭和社会对学生心理健康的影响相互制约,必须协调三方面的力量,形成一种合力,多角度、多层次地培养和促进学生的心理健康。

(二)发展性原则

心理健康本身是一个动态的过程。大学生正处在从青少年向成人过渡的时期,也正是积极实践心理健康的阶段,这种发展变化的特点尤其明显。在实施心理健康教育的过程中,就要以发展的眼光看待学生的心理健康问题。要看到大学生的心理健康问题,大多是发展性的而非障碍性的,即使在一定时期出现了某些典型的病理性症状,也不要过早地、盲目地下结论。另外,按照发展性原则,学校心理健康教育不仅是针对有问题的学生,也要针对所谓表现好的学生,因为良好的心理健康状态并非是一成不变的。

(三)主体性原则

心理健康教育的目的是培养学生良好的心理素质,学生自己是心理健康发展的主体。因此,在心理健康教育过程中,应充分调动学生参与教育活动的积极性和主动性。离开学生的主动参与和自觉努力,学校心理健康教育的种种努力都是枉费心机。人都有理解自己、不断走向成熟、产生积极的建设性变化的心理潜能,心理健康教育就是要启发和鼓励学生发挥这种潜能,促使其心理成长,而不是一味地说教、劝导和指示。

（四）平等性原则

在心理健康教育中，教师应以平等尊重的态度对待学生，特别是那些心理上不够健康或有心理疾病的学生。大量的心理健康教育和心理咨询实践表明，在教育者和受教育者之间建立一种相互信赖的关系，营造和谐的心理氛围是进行心理健康教育的必要前提，而只有以平等尊重的态度对待学生，学生才能向教师打开自己的心扉，后续的心理健康教育措施也才能奏效。

（五）多样性原则

学生的个性是丰富多彩的，心理健康问题本身也是复杂而多样的。因此，心理健康教育在形式上应该是灵活多样的，在内容上应该是开放的。为此，在实施心理健康教育的过程中，教师除了注意形式上要富于变化以外，还应注意鼓励、引导学生表达不同的内心体验、感受和看法，并充分肯定其合理性。事实上，就心理健康教育的许多具体内容而言，丰富多样的表现方式和解决问题的方法都可以是合理的、有价值的。

（六）保密性原则

保密可以说是对心理咨询与治疗工作者的一项基本而普遍的要求，也最能体现心理学工作者的职业道德。保密性原则同样适用于学校的心理健康教育，保密既是教育者与受教育者双方建立相互信赖的关系的基础，又关系到学校心理健康教育工作的声誉。

（七）防重于治的原则

学校毕竟是教育而非治疗机构，学校心理健康教育理应贯彻预防重于治疗的原则。首先是要在学校广泛开展心理健康教育工作，以保障大多数学生的心理健康。此外，还应注意加强对学生常见心理障碍的分析和研究工作，以及对个别学生的危机干预，以利于早期发现和早期诊治。

第三节 大学生心理健康教育的方法与途径

姚本先和陆璐总结了近些年我国学者关于大学生心理健康教育方法与途径的研究，主要有以下几方面内容。

一、普及心理健康知识

在高校开设心理学课程和心理讲座，有利于大学生更好、更全面、更广泛地了解心理学知识，让大学生了解自己心理发展的特点和趋势，在遇到困惑时能够从容应对而不是盲目从众或者无端猜疑，这对大学生心理健康的维护和促进十分有益。

二、建立心理咨询机构

自20世纪80年代以来，我国部分高校开展了高校心理咨询活动，为心理健康教育打下了良好的基础。这些心理咨询机构主要负责心理健康教育的宣传、心理素质培养计划的实施，开展大学生心理健康的诊断和咨询，还担负着向全校教师普及心理知识的任务。

三、组织学生参加社会实践活动

应该在客观条件允许的情况下，让学生们尽可能地参加社会实践活动，多接触社会、了解社会，从而调整自己的行为、态度和自我意识，提高适应社会的能力。比如，学校可以组织学生参加心理运动会，通过在活动中设置丰富的心理小游戏，加深大家对心理知识的了解，增强学生的心理素质，促进学生心理健康发展。

四、营造良好的校园气氛

校园气氛是校园文化建设的重要内容,也是影响大学生心理健康的重要方面。良好的校园气氛可以净化人的心灵,使人与人之间保持和谐的人际关系,有利于同学之间的良好沟通,促进彼此互相帮助。

五、将心理健康教育渗透到各科教学中

实践表明,任何一门学科的教学过程都包含着心理健康教育的因素,因为教学过程是以社会历史积淀的文化知识、道德规范、思想价值观念为内容和主导的。教师在传授知识的过程中,只要注重考虑学生的心理需求,激发学生学习的兴趣,并深入挖掘知识内在的教育意义,就能够把人类历史形成的知识、经验、技能转化为自己的精神财富,即内化为学生的思想观点、人生价值和良好的心理素质,并在他们身上持久扎根,实现以课堂教学促进心理健康教育的作用。

六、建立大学生心理档案

建立大学生心理档案,既是教师实施心理健康教育的依据,也是学生接受个别心理辅导的必要记录。建立大学生心理档案,有利于教师更好、更及时地掌握大学生的心理特点与倾向,有助于教师因材施教,从而取得更好的教学效果。建立大学生心理档案也有利于学生的自我认识和自我了解,在遭遇心理问题时能够相应地采取积极应对措施。

七、培养大学生自我教育的能力

自我教育的基本构成分为正确认识自我、积极悦纳自我和主动调控自我三个部分。自我教育能力是大学生心理健康水平发展的源泉和动力。

第三章　互联网发展与心理健康教育

第一节　互联网的含义

网络已是现代社会生活不可或缺的部分，对社会各方面都产生了深远而持久的影响。它也成为大学生学习与生活的重要工具，如入学、求职、社交等信息的获取与情感交流，娱乐消遣，购物消费等都越来越依赖网络。

一、网络的含义

"互联网"是以网络协议或其他协议为基础，通过独一的地址逻辑连接在一起的全球性信息系统，目的在于为公众和私人用户提供高品质的服务。此理论侧重互联网的技术角度而非社会特性。所谓网络，是将原本单独的电脑通过与线路相连接而形成的信息技术系统，以计算机技术和通信技术为基础，由千万个相互协作的信息网络组成的技术系统。依赖计算机产生的网络化是多维度的、人造的、"虚拟"的真实。真实是因为每一台计算机都是一个交互平台；虚拟是因为所接触的事物都是由数据和信息组成，无具体的物质表现。由此我们可以发现网络的主要作用是交流和传播，基本特征有全球性、开放性、连续性、人际性等，除此之外它还具有超文本性、延展性、信息化等特点。互联网通过共同的计算机语言将众多的计算机网络结成一体，它的覆盖范围已具全球性并不断进行着各种信息的输入和输出，互联网可将各种事物联结在一起，组建成新的关系。从技术层面来看，网络具备数字性、全球性、无中心等特点；从网络社会的视角来看，网络具有传播的互动性、空间的虚拟性、行为的隐蔽性、资源的丰富性、观念多元化、主体多样性等特点。

二、网络的特点

网络与报纸、广播和电视这三种传统的媒体并举，被称之为“第四媒体”。但网络的基本特征并不在于具有上述三种传统媒体所无法比拟的快捷时效性，拓展了信息存储的范围以及打破了报纸版面、广播电视播出时间和数量的限制，而在于网络为人们构筑了新的“数字化媒体空间”，即创造了一个现实中不存在的数字化空间。

当今时代，人类社会正经历着一场以计算机、远程通信和信息技术为支撑的网络革命。互联网正以飞快的速度延伸至世界的各个角落。网络为人类信息交流提供了崭新的手段，对社会生活诸多方面的变革起到了重大的推动作用。

（一）网络具有现实性

人们可以通过输入一定的数据模拟出具有现实性的数字化图像，当这些鲜明生动的数字化图像在人们眼前出现时，人们会产生它就是“客观实在”的感受和认识。

（二）网络具有丰富性

网络信息相当丰富，浩如烟海。国际互联网是由全世界各个国家的很多局域网和与之互联的许多电脑组成，它以离散式结构形态存在，不设中央控制设备，没有主控中心，它无边无际、无处不在。在网络上，与人们打交道的是无数的站点或网址，人们也可以在网络上跨国、跨地域地发布或调阅信息，结交异国朋友。每个人都有同样的机会发表意见，不论地位高低、贫富贵贱、种族性别，都在一个平等的信息空间进行交流。因此方式的“无限性”也带来了信息的“无限性”，网络信息构成了一个数字化的多样世界，现实中存在与不存在的东西都可以在网上进行建构，各种思想意识、道德形态、生活方式、言语行为、性情品位，都可以在网上重新确认。众多的信息资源在为人们打开认识世界的窗口的同时，也打开了人性中潘多拉的盒子，让恶魔现身于世。网络世界成了“无序”的代名词。而一些网站和网吧唯利是图，推出了暴力游戏、迷你聊天等公害,更使"无序"的世界增添了险象与邪恶。无疑,网络信息的丰富对大学生学习认识世界、掌握技能本领是有利的,但公害的"异军突起",让人们多了无数担忧,也引发了人们对网络道德建设及教育的思考。

(三)网络具有自由性

网络世界是一个人人都可以参与其中,并在其中扮演角色、发挥作用的世界,在这个高度自由的新天地里,传统社会中常见的对权威、权力的恐惧,对公共舆论的敬畏都烟消云散,人们尽可以指点江山,激扬文字,天马行空,独来独往。人们的抽象思维能力和形象思维能力受到激发而异常活跃,创造欲望和创造激情在这里得到最大限度的发挥。网络并没有改变人性,而只是给复杂的人性提供充分的释放空间。生活在这个让人性充分释放的空间里,人们必然会具有反标准化、反市场化的行为、语言和表情。在网络上,人们找到了自由的"真感觉"。有人甚至说,自由是网络的灵魂。虽然自由言论随着网络技术的不断发展和社会道德建设的要求陆续受到限制,但网络的自由本质在根本上决定了网络的任意准入。由此,网络违法犯罪现象层出不穷。大学生网络违法犯罪大致有七种类型:第一,建立网站或匿名的个人网页,散布违反四项基本原则的言论。第二,利用网络泄露他人的隐私、损害他人的名誉。第三,建立色情网站或匿名个人色情网页。第四,窥视、窃取、修改他人网站的文档内容。第五,制造、传播计算机病毒。第六,盗窃他人上网账号、进行网上传销等。第七,通过网络窃取他人智力成果、侵犯别人的知识产权等。

(四)网络具有虚拟性

从根本意义上来说,网络正以极快的速度,把各国、各地区、各行业和各部门连成一个整体,形成了所谓的"网络社会"或"虚拟社会"。这种从现实社会中衍生出来的"网络社会",反过来也极大地影响、制约了现实社会的方方面面。甚至可以说,在一定程度上,离开因特网,现实社会可能陷入瘫痪。这种机器的异化状态在生活中表现出来就是"轻易地把你网在网中央"。它模仿制造出与现实世界完全无异的东西,甚至创造出现实世界中没有的东西,让人感受到从未有过的新的精神体验。网络上不断衍生出虚拟银行、虚拟工厂、虚拟商店、虚拟医院、虚拟社区、虚拟办公、虚拟图书馆、虚拟游戏,甚至还有"虚拟人生"等,这个虚拟的世界以其"美好的幻想"和"精神乌托邦",满足并实现了人们的美好愿望和理想。大多数学生都沉浸在最具虚拟特性的聊天和游戏里,成了网络的"套中人"。网络的虚拟性让人们进入网络的"无限"状态,因而,人们可以采取不负责的态度。

（五）网络具有互动性

随着网络信息技术的发展，网络信息传播具有交互的双向性，甚至是多向性。人们不仅可以从网络上获得自己所需要的各种信息，而且可以成为信息的发布者、评判者和修正者，而网络也因此真正成了一个“能动”的存在，把一个“无机”的信息世界变成了一个“有机”的世界。网络使用者可以根据自己的需要采取多种交互方式，主动选择和参与各种信息环境中。电子商业、电子购物、电子教室、电子论坛、电子会议等网络交互形式为人们的社会生活提供了极大的方便，而网络动漫、网络留言、网络聊天、网络游戏、网络音乐和贴图，又为人们的日常生活打开了新的天地，为人们提供了全新的交往空间。在网络的交互式平台上，人们的主体意识被极大地调动和刺激了起来，其创造欲望和潜能都能得到极大的发挥。网络的交互性为人们提供了一个寻找和实现自身价值的平台，人们在网络中流连忘返，常常就在这个自身价值寻找和实现的过程中，其满足感和快感得以激发。

（六）网络具有现实远程展示性

网络的虚拟实在技术能够通过身临其境的远程展示，把远程的“现实存在”展示在人们面前。

（七）网络具有身临其境性

虚拟实在能够为人们提供一种使其产生身临其境感觉的虚拟环境，或者说能够让人们产生“零距离接触”的亲和感。在这一过程中，人们很容易产生身临其境的感觉或幻觉，并沉浸在这种感觉或幻觉之中。

三、网络给大学生思想带来的冲击

当今世界，日新月异的互联网不仅促进了社会生产的新变革，而且创造了人类生活新空间。世界因互联网而更加绚丽多彩，生活因互联网而更加丰富多彩。但是，随着网络的兴起和发展，网络这把“双刃剑”也给我们带来了许多的问题。网络的开放性、时效性、匿名性和个体参与性，使一些不健康的，甚至是违反人类社会本性的信息内容也在网上广泛传播，严重地影响了人们正常的生活和思想观念。加上国外网络文化恃其强势而加紧文化渗透，导致国外社会的一些价值观念给我国公民，特别是大学生多年以来形成的马克思主义世界观、人生观、价值观和道德观都带来了巨大的冲击，侵蚀和动摇了我国思想工作的成果。

(一)多元化的网络信息导致大学生思想混乱

网络信息是一种开放的、超越民族和国家的公用信息,每一个问题都是多维的、变化的,试图直接给出一个问题的具体答案或者仅用一种价值观念去评判是非几乎不可能。世界各国,特别是东西方价值观念在大学生头脑中的碰撞、冲突更加直接、更加激烈,导致当代大学生的价值取向更加多元,价值选择更加困惑,正确的世界观、人生观和价值观的树立更加不易。

(二)网上信息交流容易诱发大学生的破坏欲望

每个人都生活在不完美的现实生活中,即现实存在的有限性与自身需求的无限性的冲突之中,大学生尤为如此,而这种冲突一旦失衡,就会转化为破坏欲望。在现实生活中,这种欲望会受到道德、法律、舆论等社会规范的约束,但在网上这种虚拟的世界里,大学生的所言所行可以不留下任何痕迹,加之他们的自控力和责任感比较弱,所以就会在网上充分暴露压抑在心理深层的需要和欲望,完全按照自己的意愿做自己愿意做的事情。当然,大多数大学生上网是为了获取他们需要的有益的东西。但随着网上生活时间的增加,他们中间的一些人逐渐被网上生活所"异化",他们在网上漫游,或许好奇,或许无聊,或许想证明自己,或许想发泄心中不满,就可能冲动地进入破坏性的心理误区。

(三)各类信息垃圾及"染毒"信息

网络信息并不都是有益的,未经过滤选择的思想、观点难免良莠不齐、鱼龙混杂,各种社会思潮,不同国家、民族、政党的意见往往在网上激烈交锋,甚至一些下流庸俗的信息和反动言论也会在网上畅行无阻,造成严重的信息污染。这对于那些辨别力还不强,人生观、价值观正在形成的大学生们极其有害,会误导他们的思想和行为。

(四)网络的虚拟化特征

在网络中,行为主体的人际交往大多都是在"虚拟实在"的情形下进行的,消解了现实世界人际交往的一些障碍,人们很容易获得为人处世的成就感和满足感,甚至感受到自身价值的极大化和他人对自己的热情关怀。但是,长此以往,必然会影响和改变人们的生活方式,产生新的人际障碍,使行为主体冷漠,人际关系淡漠,人际距离疏远,让人感觉孤独、苦闷、焦虑、压抑,甚至导致情绪低落、消沉、精神不振等问题。

（五）网络对大学生"三观"的形成构成潜在威胁

互联网是一张无边无际的"网"，内容虽丰富，却也十分庞杂。大学生可以在互联网上频繁接触到西方国家的宣传论调、文化思想等。由于有些大学生思想空虚，没有起码的辨别能力，且追求不够高尚，志向不够远大，因此，很容易被负面和消极的内容所引诱和俘虏。这些消极的内容会同他们头脑中沉淀的中国传统文化观念和我国主流意识形态形成冲突，使大学生的价值观产生倾斜，滋生全盘西化、享乐主义、拜金主义等不良思潮。长此以往，大学生的人生观和意识形态必将在潜移默化中受到影响，这对于国家的政治安定显然是一种潜在的巨大威胁。

（六）网络文化的异质性会使大学生价值观念产生倾斜

支配着物质生产资料的阶级，同时也支配着精神生产资料，因此，那些没有精神生产资料的人的思想，一般也是受统治阶级支配的。网络是 20 世纪首先在美国产生和发展的，在当前，全球互联网信息中的 85%、服务信息中的 95% 是美国提供的，使用的语言也都是英语。美国利用手中掌握的网络控制权、信息发播权和世界通用语言这种强大的文化优势，全方位、全时空推销他们的文化理念和价值观念，使大学生成为被迫接受西方信息的群体。

（七）网络造成大学生价值取向紊乱

大学生的价值观念在网络的冲击下趋于个性化、多样化，社会价值观念也难以保持统一，以至于在社会道德生活中呈现出双重或多元价值标准并存的局面。多元价值标准并存的社会又使政府、学校甚至社会传统一直灌输的道德观念仅仅成为人们众多道德选择中的一种，从而使过去一直起支配性作用的社会道德的主要规范被动摇，进而消失，由此造成道德评价失范。道德相对主义必然导致大学生道德选择迷惘和价值取向紊乱。网上信息源数量庞杂，信息的产生已无法由法律加以有效的控制。这增加了无意自律的信息生产者认知事物和判断是非的难度，因此使道德的判断力下降甚至丧失。

（八）网络易造成大学生道德人格的缺失

现实社会在某种意义说是一个"熟人社会"，依靠熟人相互监督，人们道德意识较为强烈，道德行为也相对规范。一旦进入网络这个虚拟世界，就不再有熟人的眼光、舆论和感情，因此，依靠社会监督筑成的道德防线极易崩溃，从而造成人们道德人格的缺失。

(九)网络导致大学生人际关系的冷漠

现在的大学生大多数是独生子女,在成长过程中本来就缺乏完整的沟通方式,养成了只关注自我和崇尚独立的个性。他们中有不少人又绝对迷恋网络,长时间只使用互联网和电子邮件,接受网络创造的虚拟情感、相互关系和沟通方式,满足以屏幕为界面的虚拟的“人际交往”而回避直接面对的矛盾,久而久之便疏远近距离沟通,忽视眼前的亲情和友情,导致人际关系冷漠。

(十)网上信息交流引发大学生的人格障碍

网络是一个平台,为人们的交往提供了开放、自由的空间。但网络也是一个屏障,掩盖了人们的真实面目。网络社区的人际交往是在虚拟的世界里人们各自戴着假面具进行交流活动,缺乏真实生活中人际交往的真实感和取向性。在网络人际交往中,人与人之间的关系建立在一种极其脆弱的基础上。由于网络人际交往具有匿名性特点,一些大学生在网上对自己的言行不负责任,言论非常随意,容易形成攻击性人格。还有一些大学生在网上交际时经常扮演与自己身份和性格极不相称的角色。他们在网络中和现实生活中判若两人,容易产生角色冲突。当多重角色冲突达到一定程度或角色转换过频时,就会出现心理危机,导致双重或多重人格障碍。

第二节　互联网的发展历程及基本特征

梳理网络的发展历程,弄清网络时代的概念,探索网络时代的特征,研究网络对人类社会生活的影响以及对人类心理的影响,对加强网络心理健康教育,提升大学生网络心理健康素质十分重要。

一、网络的定义

什么是“网络”呢?按其汉语语义是指“纵横交错而成的组织或系统”。但 20 世纪以来，在无线电技术、电子计算机技术和卫星通信技术迅速发展的基础上，人类在信息交流方式上开始了新的变革，出现了数字化的电子计算机“网络”，或称“互联网”“因特网”。在这里，“网络”则特指电脑网络。简单地讲，电脑网络就是把各自独立的电脑处理节点(node)通过线路连接而成的系统。电脑的节点之间互相可以通信。这样，电脑网络可以把所有的资源和信息组成一个巨大的系统，人们就可以逾越时间和距离的限制来获取信息。我们今天所熟知的“信息高速公路”，实际上就是一个数字化的高速电子“网络”，是一个能够随时提供大量信息的、由光纤和相应软硬件及计算机技术等组成的数字化信息系统。它能够把所有的企业、机关、学校、医院、图书馆以及普通的家庭连接起来，使人们拥有丰富的、方便快捷的信息环境，做到无论何时何地都能够以方便快捷的方式与自己想要连接的对象进行信息交流。因此，“网络”一词，在现代数字化信息技术的意义上，就是指建立在现代计算机技术和通信技术基础之上的数字化信息交流技术系统。国际“联合网络委员会”在1995年10月通过的一项关于“互联网定义”的决议中就明确地指出:网络或互联网指的是全球性的信息系统。

二、网络的发展历程

(一)雏形阶段(即 Web 1.0 阶段)

计算机是网络发展的起点，早在20世纪80年代初，就有“网络就是计算机”的说法。网络的出现是计算机发展的必然结果。最初计算机是作为计算工具而出现的，那时它只限于科技领域，被少数专业人员所使用。从20世纪60年代起，计算机发展成为信息处理工具，这大大拓宽了计算机的用途，已普及到各行各业，被具有一定文化水平的人员普遍使用，大大提高了人们的劳动效率。网络最早发端于冷战期间的美国。当时，美国国防部不仅想在五角大楼内使用计算机，而且还想在战场上使用。因为体积大、易出故障的主机不适宜在战场上使用，所以，美国国防部高级研究计划局(ARPA)研究和探索了一种解决通信的新办法，即从战场上的终端传出的信号要到达设在司令部的计算机，必须把有线信号转换成无线信号，传送到卫星，再传回来。1968年，美国国防部高级研究计划局招标建立一个可扩充的网络，连接已经用于该局开展研究工作的四个地点:加利福尼亚大学洛杉矶分校及圣巴巴拉分校、斯坦福研究所和犹他大学。设在马萨诸塞州剑桥的博尔特·贝拉尼克·纽曼研究公司(BBN)负责建设高级研究计划局网络的任务。BBN公司于1969年8月给加利福尼亚大学洛杉矶分校送去了新的通信软件。同年10月，BBN公司也将软件给了斯坦福研究所。1969年

11 月进行的一次演示中，加利福尼亚的这两台机器交换了数据，第一个长途分组交换网络开通。这一年的年底，四个结点成功联网。这就是今天因特网发展的雏形。

被称为因特网之父的文顿·瑟夫当时是洛杉矶加利福尼亚大学的一名研究生。他在网络测定中心工作，同麻省理工学院的数学教授、当时休假在 BBN 公司工作的罗伯特·卡恩合作开发了一套名为“协议”的软件，以便不同型号的计算机能够交换信息包。结果，传输控制协议（TCP）和因特网协议（IP）于 1973 年推出，这时瑟夫已经是斯坦福大学的教师了。传输控制协议使信息转变到信息包流里并予以重聚，因特网协议能在不同的结点甚至不同类型的网络间传送信息包。到 20 世纪 80 年代中期，TCP/IP 把高级研究计划局网络和其他网络联系起来，包括美国国家科学基金会的 NSF 网络，以及北卡罗来纳大学和杜克大学的研究生们创建的 Use 网络，结果形成了称为“高级研究计划局因特网”的网络。1983 年，国防部将其分为军用和民用两部分，与军方通信有关的成为 MIL—NET（军事网络），民用部分划归 NSF（美国国家科学基金会）管理。那时，它被称作 NSFNET，主要供科研和教学使用，直到 1989 年改称为因特网。当时连接在它上面的计算机不过 30 万台左右。

中国科技界最早使用因特网是从 1986 年开始的。那时，国内一些科研单位通过长途电话拨号到欧洲的一些国家，进行联机数据库检索。不久，利用这些国家与因特网的连接，进行了 Email 通信。1987 年 9 月 20 日，中国科学院钱天白教授在因特网上发出了中国内地第一封电子邮件，拉开了中国人使用因特网的序幕。我国正式接入因特网是由中国科学院计算机网络信息中心于 1994 年 4 月完成的。该中心自 1989 年 10 月开始，主持了一项由世界银行贷款和国家计委（现国家发展改革委）共同投资的“中国国家计算与网络设施”的项目。项目内容为在中关村地区建设一个超级计算中心，供这一地区的科研用户进行科学计算。为了便于使用超级计算机，将中科院中关村地区的 30 多个研究所及北大、清华两所高校，全部用光缆互联在一起。其中网络部分于 1993 年全部完成，并于 1994 年 3 月开通了一条 64 Kbps 的国际线路，连到美国。1994 年 4 月 20 日，路由器开通，“中关村地区教育与科研示范网络”（NCFC）与美国 NSnet 实现直接联网，从此中国正式接入因特网。1996 年中国公众多媒体通信网、中国金桥信息网等开始全面启动，因特网在我国迅速发展。

Web 1.0 主要以编辑为特征，网站提供给用户的内容是网站编辑进行编辑处理后提供的，用户阅读网站提供的内容。这个过程是网站到用户的单向行为，Web 1.0 时代的代表站点为新浪、搜狐、网易三大门户。Web 1.0 的功能主要是满足网民少部分精神需求——新闻阅读、资料下载等。其缺点是仅能阅读，不能参与，网民没有归属感，即网络不属于自己。

（二）Web 2.0 阶段

Web 2.0 则是通过加强网站与用户之间的互动,网站内容基于用户提供,网站的诸多功能也由用户参与建设,实现了网站与用户双向的交流与参与。Web 2.0 不同于 Web 1.0 的最大之处在于它的交互性。用户在 Web 2.0 网站系统内拥有自己的数据,并完全基于 Web,所有功能都能通过浏览器完成。这个时期的典型代表有博客中国、亿友交友、联络家等。

Web 2.0 是相对 Web 1.0 的新的一类互联网应用的统称。Web 1.0 的主要特点在于用户通过浏览器获取信息。Web 2.0 则更注重用户的交互作用。

首先,Web 2.0 用户参与网站内容制造。与 Web 1.0 网站单项信息发布的模式不同,Web 2.0 网站的内容通常是用户发布的,使得用户既是网站内容的浏览者也是网站内容的制造者,这也就意味着 Web 2.0 网站为用户提供了更多参与的机会。例如博客网站和维基网就是典型的以用户创造内容为指导思想,而 tag 技术(用户设置标签)将传统网站中的信息分类工作直接交给用户来完成。

其次,Web 2.0 更加注重交互性。用户既是网站内容的浏览者,也是网站内容的制造者。所谓网站内容的制造者,是说互联网上的每一个用户不再仅仅是互联网的读者,同时也成为互联网的作者;不再仅仅是在互联网上冲浪,同时也成为波浪制造者;在模式上由单纯的"读"向"写"以及"共同建设"发展;由被动地接收互联网信息向主动创造互联网信息发展。不仅实现了用户在发布内容过程中与网络服务器之间的交互,而且实现了同一网站不同用户之间的交互,以及不同网站之间信息的交互。

再次,Web 2.0 符合 Web 标准的网站设计。Web 标准是目前国际上正在推广的网站标准。通常所说的 Web 标准一般是指网站建设采用基于 XHTML 语言的网站设计语言,实际上,Web 标准并不是某一标准,而是一系列标准的集合。Web 标准中典型的应用模式是"CSS+DIV",摒弃了 HTMLA0.0 中的表格定位方式,其优点之一是网站设计代码规范,并且减少了大量代码,减少网络带宽资源浪费,加快了网站访问速度。更重要的一点是,符合 Web 标准的网站对于用户和搜索引擎更加友好。

最后,Web 2.0 网站与 Web 1.0 也没有绝对的界限。Web 2.0 技术可以成为 Web 1.0 网站的工具,一些在 Web 2.0 概念之前诞生的网站本身也具有 Web 2.0 特性,例如 B2B 电子商务网站的免费信息发布和网络社区类网站的内容也来源于用户。

Web 2.0 的核心不是技术而在于指导思想。Web 2.0 有一些典型的技术,但技术是为了达到某种目的所采取的手段。Web 2.0 技术本身不是 Web 2.0 网站的核心,重要的在于典型的 Web 2.0 技术体现了具有 Web 2.0 特征的应用模式。因此,与其说

Web 2.0 是互联网技术的创新,不如说是互联网应用指导思想的革命。

Web 2.0 由于增加了 BBS、博客等互动功能,能满足网民更多精神需求,双向互动。既能阅读新闻,又能制造新闻等。网民有了归属感,网络上面有了属于自己的家(个人空间)和存在虚拟关系的成员(网友、读者)。但由于网民基本都是虚拟身份(未经官方认证),所以成员之间只能停留在精神层面的交流(不影响物质财产得失)。

(三)Web 3.0 阶段

微软提出 Web 3.0 概念,并且已经申请多项专利。Web 3.0 网站内的信息可以直接和其他网站相关信息进行交换和互动,能通过第三方信息平台同时对多家网站的信息进行整合分类。Web 3.0 用户可以在互联网上(不是在 Web 2.0 网站系统内)拥有自己的数据,并能在不同网站上使用。Web 3.0 完全基于 Web,只需用浏览器便可以实现复杂的系统程序才具有的功能。Reed Hastings 形象地称:“Web 1.0 是拨号上网,50 K 平均带宽,Web 2.0 是 1 M 平均带宽,那 Web 3.0 就该是 10 M 带宽,全视频的网络,这才感觉像 Web 3.0。”

Web 3.0 到来的前提一是以博客技术为代表,围绕网民互动及个性体验的互联网应用技术的完善和发展。二是虚拟货币的普及,以及虚拟货币的兑换成为现实。三是大家对网络财富的认同,以及网络财务安全的解决方案。

由于网络安全方案的完善,Web 3.0 能实现风险更小的精神生活和更广泛的财产活动,可以进行便于法律监督的精神交流(如真实资料的网恋,直至合法婚姻等),可以介入产业活动,逐步帮助个人、集体、社会创造更多的物质。网民不但要求有归属感,而且要求成为真实的主人。主人当然要有真实的身份,还要有配套的游戏规则——通过网络就可以认证真实身份。只有具备这些条件,才有可能有秩序地从事产业活动。

科学技术的发展日新月异,网络的发展也异常迅速。有人提出目前网络的发展已进入 Web 4.0 阶段,并向 Web 5.0 迈进。

第三节　互联网与大学生心理健康的关系

一、网络对大学生心理健康的影响

(一)对大学生自我同一性的影响

美国心理学家埃里克森(Erickson)提出,青年期人格发展的核心问题是获得自我同一性,避免同一性的危机与混乱。所谓自我同一性是一种有关“我是谁”“将要成为什么样”“在社会中处于何处”等问题整合和统一的自我感觉和认识;而同一性危机指的是一种无法正确认识自己,包括自己的职责、自己承担的角色等人格发展的现象。同一性的确立标志着个体的内部状态与外部环境的协调一致。大学阶段正是确立自我同一性的重要阶段。

互联网在帮助大学生获得信息、娱乐和知识资源的同时,也让他们开始重新审视其赖以成长的世界,重新进行自我定位。毋庸置疑,网络为大学生展现自我提供了一个广阔的平台。透过它,大学生能够以自主的方式创立自己的价值体系,开拓自己的生存空间,也能以平等的方式与成人世界展开对话,改变自身的处境,这给大学生带来了极大的满足感。而且与传统媒介相比,那种普通民众缺少话语权的情况得到了极大的改变。具有“边缘性”“抵抗性”“风格化”的青少年亚文化更是在现代网络传媒中找到了充分展示自我的舞台。随着大量亚文化涌入市场,亚文化风格正成为时尚的主题,网络媒体的话语权正发生着革命性的变化,这样的剧变对青少年自我同一性形成的深刻影响是不言而喻的。

但网络环境的虚拟性、网络信息的多变性等,也可能给当代大学生自我同一性的探索带来混乱。其主要表现在三个方面:①容易产生角色混乱。进入网络人际传播过程中的青少年,自我隐匿的心态会促使他把自己分成若干角色,尝试各个角色带来的新体验,致使他人对自己产生多种认识,这些认识经反馈会使个体对自己的认识更加模糊，而自我暴露的心态又使得青少年在各种角色扮演中自觉或不自觉地流露出部分真实的自我。这种分裂的心态常常使青少年迷失在自我的扮相与真实之间。另外，这些角色与其在现实生活中的角色之间的冲突可能更加严重。这样，关于自我的正确认识也就很难正常建立起来，个体在形成一个完整、统一、具有连续性自我的过程中遇到了困难，从而导致角色混乱。②容易导致现实自我与理想自我距离过大。网络社会中的理想的“我”是不能够与现实社会直接接轨的，这就使它无法或很难在现实社会中实现并与现实中的“我”达成一致。结果使青少年的自我同一性长期处于一种扩散状态，理想和目标过于远大，而个体无法企及的失望和沮丧又使他们一再产生挫折感和失败感，从而放弃对理想的追求，更加沉迷于虚幻世界中。这使得青少年对本来就很困惑的“我是谁”的问题更加困惑，从而给青少年自我同一性的确立带来了更大困难。③主观“我”和客观“我”之间矛盾加大。在网络社会，所有信息都是以数字的形式存在的。在网络交往中，人们不断地以电子书写的方式建构自己的身份，创造了多个“自我”。网络社会中青少年的“现实自我”与他的“镜中自我”是有距离的，理想的“我”与现实的“我”这二者始终处于一种不一致的矛盾状态中。这种不一致加剧了主观“我”与客观“我”之间的矛盾，即青少年对自己的认识和评价与客观、真实的自我之间的矛盾，致使网络社会中青少年的自我意识难以达到统一。

（二）对大学生情绪健康的影响

网络交往的虚拟性、安全性和广泛性恰恰迎合了大学生渴望交往而内心闭锁、渴望获得真情而又怀疑真情的矛盾心理。在社会转型期的大学生渴望安宁又普遍缺乏安全感，而中学教育更注重文化知识的传播、积累，往往忽略了对学生社交技能的培养，使其社会发展能力滞后，这与他们渴望交往、害怕孤独的心理特征相冲突。虚拟的网上交往给大学生提供了全新渠道，使他们敞开心扉。由于网上交往仅是文字的流动，个人能保留自我想象的空间，可以不在乎对方的反应，大学生通过聊天倾诉，尽情宣泄内心压抑的不良情绪，缓解心理压力。所以，网络给大学生创造了发泄心中不满情绪的场所和空间。

大学生的情感体验极为丰富、强烈、敏感，也极为动荡、复杂。他们关注社会的发展，也关注自己的切身利益。但由于生活阅历的贫乏，他们对人生充满理想，又脱离现实。他们情绪起伏较大，很不稳定，容易产生不满足感和焦虑、紧张、抑郁等不良的情绪体验。大学生情感的成熟必须通过社会生活的实践体验得以实现，而长时间上网阻断了大学生亲身的社会情绪体验。他们沉迷于虚拟世界中，受到网上传播的价值思想的感染。他们往往会花大量的时间和精力去浏览虚假重复信息，难免会产生心理焦虑和不满，出现精神疲惫，更有甚者会产生心理问题，造成其情绪冷漠，严重影响身心健康成长。

（三）对大学生社会适应性的影响

大学生正处在社会性发展的关键期，同时他们又具有使用网络的便利条件。一方面，网络技术的飞速发展和信息传递的快捷，以及人机对话的平等的新型人际关系，有助于启发和引导大学生培养和形成学习、效率、平等、开放等现代观念。网络缩短了人与人之间的空间距离，有助于他们扩大交往的范围。网上新型人际交往方式和社会关系的建立为大学生在现实社会中进行社会交往提供了一种缓冲的空间。网络还为大学生的社会化提供了角色的练兵场。另一方面，网络又是一个虚拟的世界，在网络环境下，人们交往的对象及其身份都不确定，这就减弱了青少年社会角色的获得能力。人们网上交际主要依靠文字或抽象的数字、符号。如果大学生终日沉迷于这种人机对话的模式，会对社会适应行为和能力产生影响，更有甚者，还会患上“网络社交障碍”。正如时下在网络中悄然盛行的术语“宅人族”所表现的那样，他们极少出门，终日穿行于网络世界里，个人生活一团糟，逃避与外界社会的接触。由此可见，网络交往的虚拟性、自由性，很容易导致青少年行为的普遍失范，不利于他们的社会化。

（四）对大学生时间管理能力的影响

互联网的便捷性的确给我们的生活带来了很多方便。举个简单的例子，在网上查询航班信息和购买机票，要比传统的方法节省很多时间。但不容忽视的是，互联网也在吞噬着很多人的时间。

作为推动社会进步与发展的重要后备力量，大学生群体的综合素质一直受到社会各阶层的广泛关注，具备“时间管理”的观念与能力也成为大学生综合素质培养的一项重要内容。黄希庭等人对青少年的时间管理倾向进行了研究，认为它主要包括三个方面的内容。一是时间价值感，即个体对时间的功能和价值的稳定的态度和观念。二是时间监控观，即个体利用和运筹时间的能力和观念。三是时间效能感，即个体对自己驾驭时间的信念和预期，反映了个体对时间管理的信心，以及对时间管理行为能力的估计。

缺乏时间管理能力是沉迷于网络中的人的通病。研究显示，时间管理倾向与网络成瘾呈显著的负相关。这就是说，个体对时间的重视程度越高，对时间管理行为能力的信心越强，一系列的时间监控活动做得越好，就越不容易沉溺于网络。克劳特（Kraut）和他的同事对一些实验对象在开始使用网络及之后一两年的情况进行了评估,用专门的软件跟踪他们上网的次数。结果发现,人们花在网上的时间越多,与家人的沟通就越少,现实中的朋友也逐渐减少。

二、由网络引发的大学生常见心理问题

大学生由于阅历浅,社会经验不足,意志薄弱,承受挫折、辨别、适应以及自我控制能力都不强,对自己又缺乏正确而全面的认识,所以容易受到社会上各种思潮的冲击。大学生正处于青春发育后期,心理成熟还未完全发育,在遇到心理冲突和困惑时,网络便成为他们的主要交流工具之一。但在这种环境中的关系多是虚幻的,在网络中得到的安慰也只是暂时的,当离开这种环境后,被安慰、被关心的感觉瞬间消失,导致大学生心理冲突和困惑加重,长期下去必然产生心理问题甚至疾病。

(一)网络成瘾综合征

网络成瘾综合征(Internet Addictlve Disorder,IAD),临床上是指由于患者对互联网过度依赖而导致的一种心理异常症状以及伴随的一种生理性不适。患者表现为过度上网,每天耗在网上的时间为6小时以上。如果没有上网,则表现得萎靡不振或精神颓废。格里菲思认为网络成瘾与物质成瘾一样,具有突显性、心境调节、耐受性、戒断症状、冲突性和反复性等核心特点。金伯利·S.扬发现网络成瘾和非成瘾人群之间一个显著的区别是:成瘾者通过网络进行新的社会交往,非成瘾者则是通过网络维持已有的人际关系。2008年11月9日,我国首部《网络成瘾临床诊断标准》通过专家论证。这一标准的通过结束了我国医学界长期以来无科学规范的网络成瘾诊断标准的历史,为今后临床医学在网络成瘾的预防、诊断、治疗及进一步研究上提供了依据。

1.网络成瘾的表现与特征

网络成瘾者对互联网的依赖程度严重。最主要表现为无法自我控制上网时间,多沉溺于网聊或网游,几乎不理会现实生活的存在。刚开始时,成瘾者会出现精神依赖现象,到后来发展成躯体上的依赖,出现一系列生理症状,如头昏眼花、疲乏无力、食欲不振等,更严重的还会产生其他并发症,如心血管疾病、胃肠神经症、紧张性头痛、性情变异等。

2.网络成瘾的类型

根据2008年出台的《网络成瘾临床诊断标准》,网络成瘾分为以下五类:①网络

游戏成瘾。它是占网络成瘾比例最高的类型。《中国青年报》2008 年的一项调查显示，62.0% 的人认为玩网络游戏会上瘾，90.6% 的人认为网络游戏影响学业，88.5% 的人认为网络游戏影响身体健康。学生是网吧的主要顾客，而在大学周围的网吧里，部分学生无节制地花费大量时间和精力玩网络游戏，严重影响了正常的学业和生活。②网络色情成瘾。它是指沉迷于网络上的色情内容，包括图片、文字、动画、电影和色情聊天等。从大学生的年龄特征来看，他们正处于性生理成熟后的性满足延迟期，易受到网络色情内容的诱惑而导致成瘾。③网络关系成瘾。它是指过分沉迷于网络上的人际交往所建立起来的关系，并用这种关系取代现实生活中的人际关系。在网络的"虚拟社会"中，人际关系必然有虚拟化的特性。而大学生是一个特别渴望与人交流的群体，由于网络的独特魅力，在大学生中也就形成了网络关系成瘾的电子隐士族，他们迷恋网络关系，甚至逃避现实关系，产生"人机热、人际冷"的现象。④网络信息成瘾。它是指不能自制地在网上搜索过多的对现实生活无太多意义的信息。大学生有强烈的求知欲，对网络提供的信息趋之若鹜。然而过度迷恋网络提供的信息也会影响正常的生活。⑤网络交易成瘾。它是指过分沉迷于网上购物、拍卖等活动。网络作为一个交易平台，操作便捷，内容丰富，刺激了很多人的购物欲望。但同时也导致不少人沉迷其中，花费了大量的时间和精力。

3. 网络成瘾的原因

总的来说，网络成瘾形成的原因是很复杂且多方面的，主要有行为、生理生物学、情绪、认知、社会和发展、年龄特征等。有关大学生网络成瘾的原因，我们主要归纳出四个方面。

(1)网络本身的诱惑。网络有许多吸引人的特点，如新鲜感、可操作性、虚拟性等。其中最吸引人的特点是它的虚拟性。在网络的虚拟环境中，人的内心准则和社会规范的制约性大大削弱或不复存在，人们的网上行为表现出一种解除抑制的特点，可以随心所欲地发表自己的言论，做出许多平常想做而不敢做的事情。可操作性主要表现在网络游戏上，在网络游戏中可充分发挥人们的主观能动性，使心理得到满足等。

(2)大学生自身的原因。第一，如今的大学生多为独生子女，长期生活在一个相对封闭的温室，他们的生活能力、学习能力、自我控制能力、沟通和社交能力较低，心理脆弱，容易被网络俘获。第二，大学生正处在人生过渡期，还没有形成比较稳定的世界观、人生观和价值观，对新鲜事物的好奇与探究的欲望十分强烈，很容易受到外界的影响而深陷其中。第三，由于大学生活单调，当进入大学后的新鲜感逐渐消失时，会在以学习为主的生活中感到单调乏味，进而通过网络来追求刺激，满足自己的好奇心。第四，大学生渴望友谊和交流，但有的学生性格内向、不善交际、孤独感强，人际适应不良，对现实生活感到无助，因而到网上寻求支持和帮助。国内外调查表明，性格内向敏感、交际困难的人容易上网成瘾。第五，也有的大学生因学习成绩下降，学习上无满足感而沉迷网络。进入大学后，由于学习方法、学习内容与高中时大相径庭，从而使部分大学生产生不适应感而导致学习成绩急剧下降，价值感和成就感逐渐消失，进而转向网络，在网络中寻找理想自我，用虚拟的理想自我代替现实自我。

(3)家庭环境的影响。家庭的经济状况和教养方式也是大学生网络成瘾的重要影响因素。第一，经济基础。不少大学生由于家庭经济困难、学习压力和就业压力大等因素，心理负担重，于是他们便开始寻求解脱方式，逃避现实的压力。而网络成为他们逃避现实压力的最好选择。因为网络游戏所营造的是一个虚拟的世界，可以使大学生逃避现实中的许多不愉快。他们在这个自己能控制的虚拟世界中能得到愉快的体验。一旦迷上网络游戏，成瘾心理的形成就很难避免。第二，家庭教养方式不当。有些父母因忙于工作和生计，仅关注读书和考试，而忽略了与子女的情感沟通，导致父母与子女间出现沟通障碍。许多家长对孩子缺乏教育和关心，对子女的一些不良行为视而不见，一味地在物质上满足孩子的要求，而忽视了他们的心理问题，使不少青少年将网络当作发泄情绪的场所。而有的大学生在脱离父母的监管后上网更是无所顾忌。

(4)压力和社会支持。2003 年惠昂(Whang)在网上对 13 588 名调查对象的研究中发现，当被调查对象因为人际关系或工作感到压抑时，诊断为网络成瘾的对象选择上网排解压力的，是非网络成瘾者的 2 ~4 倍；非网络成瘾者倾向于选择其他方式(如找人倾诉)来排解压力。由此可见，人际交往、社会支持等各种需要是导致使用者网络成瘾的一种原因。例如，网络游戏中的“高手”可能会受到万人景仰，而这点可能在实际生活中是体验不到的。网络成瘾者在离开网络后有可能体会到一种失落，对社会支持的要求会促使其重新投入到网络社会中去。而且，由于上网时间过长，占用了很多社会活动的时间，引起社会退缩行为，如此造成恶性循环，使患者更沉迷于网络而排斥现实的社会活动。大学生作为一个承载社会与家庭高期望值的群体，尤其又身处社会转型时期，自然有来自各方面不小的压力，因此也是网络成瘾问题的高发群体。

(二)其他网络心理问题

除了网络成瘾综合征外，网络带来的其他心理问题还有网络孤独症、网络人格障碍、网络犯罪倾向等。

网络孤独症指过分关注人机对话，迷恋在网上建立的友谊、爱情，淡化了个人与社会及他人的交往，远离周围伙伴，变得越来越孤僻。美国的一项调查表明，每周上网一小时，会有 40% 的人孤独程度增加 20%。我国的相关调查也显示，在上网的青少年学生中，有 20% 的人有情绪低落和孤独感，12% 的人与家人、朋友疏远。长时间沉迷网上交往，忽略外面丰富多彩的现实生活，会导致人的合作能力和交往能力下降，回到现实生活中就会感到无所适从，出现人际关系冷漠、人际情感萎缩、人际距离疏远，从而感到强烈的孤独，出现网络孤独症。患有网络孤独症的学生一般表现为独来独往，缺少团队协作精神，情感过度个人化，社会适应性下降，神情恍惚，远离同学、朋友和亲人，依赖网络来宣泄情绪和表达情感。

网络人格障碍是以人格结构失衡为特征的网络心理问题。长时间处于网上的虚拟人格与现实的真实人格之间的冲突中，可能使大学生对自己的角色认同发生混乱，弄不清到底什么时候是真实的自我，什么时候是虚拟的自我，造成双重或多重人格障碍。另外，网络世界是一个崇尚主体性和个性张扬的社会，网络为人们提供了畅所欲言的空间，同时也为谎言、欺诈提供了便利。网络的匿名性使谎言充斥于网络的每个角落，面对虚拟世界的信息污染、信息过剩、谎言欺骗、色情引诱等，大学生若不能自制，就会沉迷其中。在人机的交流中，有些大学生在被谎言欺骗的同时，也成为谎言的制造者。长期沉浸在谎言和欺骗中，会导致学生心口不一、言行不一，进而出现人格异化。而且，网上过度的兴奋、紧张和疲劳，还会使学生对现实生活反应异常，如缄默、孤僻、冷漠、紧张、暴力、缺乏责任感等，进而导致机械化人格障碍。

网络犯罪倾向是一种很严重的网络心理问题。虚拟状态既为网上行为提供了安全的屏障，也给不正当、不道德的行为披上了外衣，从而造成网络社会虚假信息的泛滥及非道德行为的发生。某些大学生自我约束能力差，道德自律行为和意识淡薄，在网上容易冲动，进而做出一些不道德的行为，诸如恶意侮辱、人身攻击、网上“多角恋爱”“黑客”攻击等行为。同时，上网需要一定的花费，如果沉湎于网络生活，又没有足够的钱，也可能诱发学生通过一些不正当的渠道获得，导致违法犯罪。

第四章　互联网视域下的大学生心理健康

第一节　大学生互联网心理健康理论

网络之所以受到心理健康教育的青睐，在于它的某些特性在现实世界中是难以达到的，而又是心理健康教育极力追求的，即网络的某些特性满足了心理健康教育的要求。同时，网络对心理健康教育理念、内容、方式带来了挑战，网络导致受教育者产生复杂的心理问题，增加了教育者开展心理健康教育的难度。因此，加大网络环境下高校心理健康教育的研究力度是十分必要的。

一、网络心理健康教育

（一）网络心理健康教育概念的界定

真正的思想和科学的洞见，只有通过概念所做的劳动才能获得。对网络心理健康教育的研究应当首先从界定"网络心理健康教育"这一概念开始。所谓网络心理健康教育，实际上具有两种内涵：一是网络环境下的心理健康教育；二是基于网络的心理健康教育。前者是对网络心理健康教育的广义理解，提出的问题是在网络化的社会环境下，传统的心理健康教育从理念到内容、方法、途径与运行模式如何发展、如何创新，是关于心理健康教育全面体系的构建问题；后者是对网络心理健康教育的狭义理解，提出的问题是把网络作为心理健康教育的新阵地、新工具、新方法，用以加强和改进心理健康教育，是关于心理健康教育局部体系的构建问题。从网络心理健康教育的具体实践看，以上两种理解涉及的问题相互交织在一起；从网络心理健康教育的理论研究看，以上两种理解处于不同层次，网络心理健康教育的广义理解是狭义理解的基础和前提，两种理解定位的理论研究缺一不可。因此，网络心理健康教育正是广义和狭义的统一。

对网络心理健康教育概念的界定首先是从狭义的理解开始的，即把网络作为一种信息技术和信息交流平台，利用网络进行心理健康教育。傅荣较早地把利用网络对大学生进行心理素质培养、帮助他们解决心理问题，提高其心理健康水平的专业性教育手段和措施，称为网络心理健康教育。其内容包括网上心理培养、网上心理训练、网上心理辅导、网上心理咨询、网上心理测验、网上心理诊断、网上心理治疗等。后来有学者也认为，网络心理健康教育是指心理健康教育工作者运用网络技术及相关功能，以多种方式帮助来访者解决心理问题，提高其心理素质水平的过程。这些界定是从狭义的角度切入的，把网络心理健康教育理解为网上心理健康教育（或网络空间的心理健康教育），即以网络为载体在网络空间开展心理健康教育，但没有反映网络和网络心理健康教育的本质联系。

后来有学者认识到，网络心理健康教育是一个开放的、动态的概念，应从五个方面去认识其内涵：网络作为心理健康教育的工具；网络作为心理健康教育的环境；网络作为心理健康教育的资源；网络作为心理健康教育的内容；网络作为心理健康教育的系统。学者们对网络心理健康教育的科学界定有助于我们更好地把握其实质。在网络心理健康教育中，首先，网络是心理健康教育的一种新工具、新手段，网络的各种新技术为心理健康教育提供了许多方式和途径；其次，网络也创造出一个不同于现实社会的虚拟社会，这个虚拟社会不仅为心理健康教育搭建了一个平台和环境，提供了丰富的信息资源，而且对传统制度化教育的各个要素产生了深刻的影响，即教师权威由单极化向多极化发展，学生的个体中心地位彰显，其主体意识得到前所未有的增强等；最后，网络作为一种新兴的技术也是一把“双刃剑”——尽管网络在某种程度上可以减轻人们的心理压力、增强人们的自信心（如宣泄情绪、发挥个人创造性等），但它也会直接导致和诱发许多心理问题，所以，网络本身应成为心理健康教育的重要对象和内容。

网络心理健康教育是在传统心理健康教育基础上发展起来的，而传统心理健康教育首先应是一种教育理念，是渗透在所有教育活动中的一种教育信念和态度；心理健康教育又是由一系列具体的教育活动构成的教育工作。这一本质必然反映到网络心理健康教育的本质中来。同时，因为网络心理健康教育是以网络为媒介的，所以，网络的本质也必然会反映到网络心理健康教育的本质中来。网络的本质是人与人之间一种开放的联系。正如李普纳克和斯坦普斯在《网络的形成》一书中所写到的："网络就是连接我们共同活动、希望和理想的连环；网络形成于人们相互联系的过程。"若抽取共同的本质属性，从上述多种界定可以看出，经过多年的实践探索和理论磨合，我国学者对心理健康教育的内涵的认识已渐趋一致，其共同的核心旨趣就是着眼于有意识、有目的地促进人的心理发展，关注和建构人的心理生活，发展和提升人的心理素质。

因此，我们认为，伴随着以互联网为代表的信息网络技术的兴起和普及，网络心理健康教育不仅是传统心理健康教育在其领域、方式及手段上的拓展和延伸，更是一种全新的心理健康教育模式和理念，是心理健康教育发展和创新的一种新趋势。以互联网为代表的信息网络技术除了以其数字化、网络化、高速化、信息容量大、虚拟性等技术特性，促进心理健康教育内容、方法、手段的创新外，更以其平等、自主、交互性的社会性内涵推动了心理健康教育理念的创新。作为对时代的回应，网络心理健康教育不能只是技术和工具层面上的，而应该在此基础上进行整体性的心理健康教育理念转换。从广义上讲，网络心理健康教育不仅指网上心理健康教育，还指现实中针对网络影响开展的心理健康教育；它不仅指网络的心理健康教育，还指心理健康教育的网络化。

（二）网络心理健康教育的构成要素

按照系统论的观点，心理健康教育是教育工作者通过多种途径并运用多种手段，从学生的心理实际出发，有目的、有计划地对学生心理的各个方面进行积极的宣传和教育，促进学生个性全面和谐发展，维护学生心理健康的系统工程。系统论既指出了心理健康教育的内容、实质和过程，又明确了其为需要通过多种途径、多种手段、多方努力的系统工程，比较丰富而全面。从系统论的视角看，网络心理健康教育体系的各构成要素与现实心理健康教育具有一致性，只是网络赋予其各要素新的要求。

1. 网络心理健康教育的教育环境

网络既是我们现代生活的一种"工具"，也是我们生存环境的一个重要组成部分，所以网络既是一种"工具"，又是一种"环境"，作为工具的网络普遍广泛应用的结果便成了一种“环境”。网络作为工具,我们可以随意使用,也可以随时弃置;然而,网络作为一种环境,却如影随形,难以摆脱。当然,对于环境,我们既可以主动去适应,也可以整合、优化。从“工具”到“环境”,体现了人们对网络认识的升华:“工具”只是我们生活的一部分,而“环境”则具有育人的功能。正是网络环境变成了一种新的育人环境,从而扩大了网络心理健康教育的范围,才使得我们从生理、心理、社会适应、行为方式、个性培养等各方面研究大学生心理的新情况、新问题,才让我们开始重视和挖掘网络环境对心理教育活动的积极作用。

与其他教育环境相比,网络环境的最大特点在于它的虚拟性。网络可以通过数字化的虚拟,对现实世界予以再现。但任何事物都具有两面性,网络也不例外。网络的虚拟性、开放性、自由性等特点对于人和社会的发展有利也有弊。因此,在网络环境中,要充分发挥人的主体性和能动性,既要主动地适应网络环境,也要在建构网络环境的过程中,整合各方面的资源,充分挖掘网络资源中对心理健康教育有利的资源并加以利用,剔除和屏蔽对学生身心发展有害的因素。要加强对学生正确价值取向的教育,引导大学生辨别是非、选择积极的网络信息,提高学生的自我控制能力和被虚拟网络环境影响的能力。

2. 网络心理健康教育的主客体关系

一般教育活动的主客体关系也同样存在于基于网络环境下的心理健康教育活动之中。心理健康教育从现实向网络的延伸,仍然和一般教育活动一样具有明确的规定性和价值导向性。也正是教育活动所固有的本质属性导致了网络心理健康教育中主客体关系的必然存在。在网络心理健康教育活动中,同样存在虚拟主客体的相互交往,以及虚拟主客体的差异性。这种建立在虚拟交往实践基础上的主客体关系也呈现出如下新的特点:一是对虚拟情境的依赖性;二是主客体的动态建构性。

在网络心理健康教育中,教育的主体变成了网络信息传播中的“把关人”,他们负责网络信息的收集、传播和监控,兼具信息传播者和心理健康教育者的身份,同时,他们还必须掌握现代网络技术,具有扎实的专业功底。在网络心理健康教育中,教育主体没有特定的身份,具有非主体性特点,他们的职责不是说服疏导,而是提供“选择”和“引导”。高校网络心理健康教育的主要对象为网络社会中的“网络人”,即大学生网民为高校网络心理健康教育的教育客体。虽然网络是一个虚拟的世界,其中的网络消费者(教育客体)都是经过虚拟化和符号化的,但他们仍然是现实世界中活生生的、有情感的,具有主体性和主观能动性的人,他们在网络虚拟世界中的表现是他们在现实世界中的表现的反映。同样,高校网络心理教育中的客体也是现实世界中有主体性和主观能动性的人。正因如此,网络世界中的主体性就具有了其独特特征,即网络虚拟世界中所表现出来的主体性就是现实世界中主体性的反映。

在网络心理健康教育中,教育主体之间、客体之间的地位都是平等的,或许正是因为这种平等的关系,相互的交流会更为深入、有效,更具人文关怀,这是网络心理健康教育取得良好教育效果的前提。

3. 网络心理健康教育的教育内容

大学生网络心理健康教育的内容:一方面,是指在网上开展现实心理健康教育的内容。主要有通过网络宣传和普及心理学方面的知识,在网上开设心理学课程,举办网上心理健康知识专题讲座,针对大学生进行的学业心理指导、人际交往指导、人格完善辅导等,以及开展网络心理咨询等。另一方面,提高大学生网络心理素质以及预防和矫正大学生网络心理问题也是大学生网络心理健康教育的重要内容。

4. 网络心理健康教育的教育方法

网络心理健康教育就是将传统的心理健康教育方法现代化,即在网络世界中给在传统心理健康教育中使用的各种教育方法穿上科技的外衣,将传统的心理健康教育方法网络化、现代化。在继承传统的心理健康教育方法的基础上,结合网络技术进行创新。

网络心理健康教育的教育方法区别于传统心理健康教育方法的特点:其一,网络心理健康教育注重主客体之间信息的互动,而不是传统的"灌输",因为在网络的信息交往中不存在强制的信息灌输;其二,不使用传统的"灌输"方法,因为在计算机网络中不可能对大学生进行面对面强制性的信息灌输;其三,借助网络多媒体的一切手段,向大学生提供信息,并引导大学生正确选择有利于他们身心发展的信息。

(三)网络心理健康教育的特征

网络心理健康教育的出现是现代心理健康教育的需要,是心理健康教育适应现代科技发展的表现。从传统的角度来看,网络心理健康教育作为心理健康教育中的一种新方式,它不是对现有心理健康教育方式的突显,而是继承;不是对现有心理健康教育方式的背弃,而是发展;不是对现有心理健康教育方式的脱离,而是超越。现实心理健康教育与网络心理健康教育既有联系又有区别,互为补充。下面从主体、客体、内容、方法等方面阐述其不同于现实心理健康教育的显著特点。

1. 教育主体非固定化

上网已经内化成了现代人的一种生活方式，因此不能简单地把“网络心理健康教育”理解为在网络空间中开展心理健康教育活动，而应把其当作一种全新生活世界与生存境遇中的全新价值教育形态。网络心理健康教育主客体关系的特性与趋势主要取决于网络化的生活方式对人的主体性的拓展，表现为教育主体的“去主体化”、教育客体的“主体化”和主客体关系的相对性、平等性。因此，要实现网络心理健康教育理念、原则与方法的创新，推进网络心理健康教育的理论构建与实践应用，首先必须了解网络时代中网络化生活方式的特点与教育主客体关系的变化特征。

在网络心理健康教育中，教育主体的“去主体化”使教育主客体在心理教育活动中处于平等的地位。在这一教育活动中，教育主体提供的是“影响”“选择”和“引导”，而非“说服”“说理”“灌输”，因而更能体现其文关怀，使活动更具亲和力和影响力，也就更具有取得心理健康教育效果的重要前提。

在这里，必须指出的是：新科学技术在心理健康教育中的应用丝毫不会削弱教育者的地位和作用，相反，却建立起了一种新型的师生关系，即教育者从“独奏者”的角色过渡到“伴奏者”的角色，不再扮演传授知识的角色。他们引导、组织和帮助受教育者，而非去塑造受教育者。在网络心理健康教育中，教育者的影响不再是建立在让受教育者被动接受的层面上，而是通过各种信息和途径，激发受教育者的兴趣和好奇心，调动受教育者的积极性，让他们在教育者的引导下积极主动的探索知识、参与学习。

2. 教育客体更具能动性

在网络心理健康教育中，受教育者（教育客体）更能发挥主观能动性，即受教育者能根据自己心理感受选择自己需要的相关心理健康教育信息和内容。在传统的教育中，受教育者总被看成被动的教育对象，并没有被当成教育的主体来对待。而在网络心理健康教育中，教育者和受教者同是教育活动的主体，他们地位平等，把教育活动当成一种双向交流的互动过程。从这个意义上讲，受教者在网络心理健康教育活动中所体现出来的主体性、主动性和主客体之间的互动交往性是传统的心理健康教育难以望其项背的。学生可以以求助者的身份在网络中出现，通过 QQ、论坛、发帖、网络心理健康栏目等通信工具、平台、操作、版块来选择自己需要的信息、内容和服务；同时；学生还可以以助人者的身份在网络中出现，给网络中的求助者提供相关的心理健康教育内容、理念和方法，从而实现教育者和受教育者之间的互动和交流。网络心理健康教育活动中这种“他助—互助—自助”的机制，吸收了一般心理健康教育的精华，弥补了自身的不足，在很大程度上增强了心理健康教育的效果。

在网络心理健康教育中，教育客体是指网络社会的“网民”或“网人”，以“网络世代”为主（简称N代，即Netgeneration）。“网络世代”具有反传统、追新潮，反从众、重个性，呈现愤世嫉俗的倾向，富有怀疑精神和创造力等特点。在网络心理健康教育中，参与者往往表现出更强的主动性，他们更多地通过主动发起交流、寻求帮助，选择对自己有帮助的信息；经常主动地帮助那些求助者，试图通过自己的知识和经验去说服和疏导他人。即使是最具专业素养的心理专家，他们的专业知识、人生阅历及所掌握的心理健康技巧也难以满足形形色色的求助者的需要。而在网络世界中，每个求助者都能找到与自己具有相似个性、心理特征、成长环境或人生际遇的助人者。因此，在网络世界里，这些具有不同个性特征、不同经历、不同教育背景、不同成长环境、不同人生际遇的网民（助人者）成了一个“集合体”，并有成为“业余的”或“兼职的”心理健康教育者的可能，进而成为心理健康教育的主体。

在网络世界里，在教育主客体之间这种新型关系以及自助机制影响下形成的多极交互主体性的共同作用下，形成了网络心理健康教育的新模式。对这种新型的心理健康教育模式，不仅要“因势利导”，更要“造势引导”。

3. 教育内容多元化

在网络时代背景下，网络教育成了完全开放式的教育。网络的开放性、自由性和超时空性的特点为心理健康教育提供了大量教育素材和教学内容，提供了一个相互交流、自由表达的空间，提供了一个扬其所长、助人为乐的平台，更为现代心理健康教育提供了前所未有的教学组织形式。

在网络心理健康教育中，教育内容具有如下新特点：第一，作为多媒体的网络具有再现、集成、交互、扩充、虚拟等功能，它不受时间、空间、微观、宏观的限制，使教育内容实现了从平面到立体、从静态到动态的转变，呈现了超时空的趋向。第二，网络的集成扩充功能，让计算机网络上的教学内容无穷无尽，丰富多彩，其具有的生动形象、感染力强的特点，易于激发学生的兴趣，对感知、理解能起到有益的作用，还能更好地适应每个学生的个体差异，实现因材施教。第三，网络具有不可控的特点。网络中既有对心理健康教育有益的内容，也存在对心理健康产生负面效应的信息。因此，高校心理健康教育者在进行网络心理健康教育时，要学会因势利导，充分利用网络中有利于学生身心发展的信息，屏蔽垃圾信息。

网络作为网络心理健康教育和网络德育工作实施的载体和平台，提供了丰富的信息资源和教学内容。另外，网络本身也被列为网络心理健康教育和网络德育的重要部分和内容。

4. 教育方法具有现代性

大学生网络心理健康教育方法改变了以学校、课堂、书本为心理健康教育的主要阵地的传统，改变了以心理咨询为主要形式的心理健康教育模式，变被动为主动、变单向说教为双向互动，将显性教育和隐性教育相结合，体现出开放、民主、平等的时代特点。

大学生网络心理健康教育方法坚持从时代的实际出发，认识到了互联网的发展变化及其对大学生的双重影响（积极影响和消极影响），考虑了大学生网民的特点和心理状况。建立大学生心理健康教育主题网站，运用网络心理咨询法，把建立网络心理健康教育队伍作为大学生网络心理健康教育的重要举措，不仅增强了心理健康教育的效果、提高了教育效率、扩大了教育规模，而且使心理健康教育更具影响力、说服力和感召力，实现了网络心理健康教育的实效性。

信息化已经成为当今世界发展的潮流。以教育的信息化带动教育的现代化，实现了大学生心理健康教育方法的跨越式发展，比传统的心理健康教育方法更具有时代性。

5. 教育活动具有网络性

许多在现行学校教育中能做到的事，在网络教育中都能够做到。借助网络的技术与资源优势，在现行学校教育中做不到的事，在网络教育中却能够做到，这正是网络教育的特点所在。网络心理健康教育活动的特点集中表现为以下几点。

第一，网络心理健康教育活动可以在超时空状态下进行。现实的教育往往受到时间和空间的限制，需在固定的场所、固定的时间从事固定的教学活动。网络教育则突破了时空的限制。就网络心理健康教育而言，如果一个当事人想要在网上求询，他（她）可能身在远隔万里的异国他乡，但只要进入网络，轻轻点击有关心理咨询的网站，便可与指导者实现零距离的接触；就时间而言，由于当事人的心理困扰受消极情绪的影响较大，而消极情绪的出现无法用时间来估算，所以当他（她）最需要接受指导时，可能在现实生活中是无法被满足的，而网络心理健康教育不受时间限制，不管是在烈日高照的正午，还是在寒风凛冽的深夜，只要有需要心理帮助的渴望，当事人随时都可能进入网络时空，接受心理指导和救助。

第二，网络心理健康教育活动的信息容量大、即时性强。网络能够提供的心理健康教育信息几乎是无限的，关键在于当事人如何去选择。当一个求询者怀着某种期望在网上求助时,他(她)首先可以选择不同的(心理)站点以获得帮助,其次可以在站内搜索某些需要的信息,也可进行网际链接,还可对不同专家提供的服务进行比较,选择适合自己需要的帮助,直到满足自己的心理需求为止。网络传递信息具有迅速扩张的特性,只要当事人进入某一心理服务站点的界面,服务信息就能迅速发挥作用,不会出现人为的阻隔,尤其是对那些突发性的心理问题,网络能提供即时的帮助,对这些问题实施有效干预,或者延缓问题行为的产生。

第三,网络心理健康教育活动具有生动性与互动性。设计完善的网络心理健康教育活动,其生动性并不亚于现实活动。以个别心理咨询为例,当求询者步入咨询场所,常常囿于心理上的紧张而显得局促,尤其是求询的早期阶段。因此,心理健康教育活动的生动性就难以体现出来。相比之下,网上心理咨询就可以摒除不利的外围因素的干扰,且网上图像的设计、文字的表述、相互交流的声光信息能够给当事人带来某种新奇和激奋。由于当事人实施求助是以个体的身份进入网络的,人机互动的特征非常明显,他(她)会根据自己的需要以任何一种可行的方式与指导者沟通,获取有益于自身的信息,而不必顾忌其他方面的限制。

第四,网络心理健康教育活动是一种自助性、隐秘性活动。心理健康教育的宗旨是“助人自助”,这在网络心理健康教育活动中的表现尤为突出:是否选择网上求助是每一个当事人的自由;如果选择了网上求助,那么,选择什么方式的网上求助也是当事人必须做出的选择,如是选择与专家交流,还是选择自主训练,或者是自助阅读,这些都是当事人自主决定的。从某种意义上说,选择网上求助本身就是心理自助的一种表现。既然是一种自助活动,那就具有相当程度的隐秘性。网络空间本身就被称为“虚拟社会”,虚拟性必然导致隐秘性。在网上心理求助的过程中,当事人可以任意地创造代号,能够随意隐匿自己想要隐匿的东西,包括种族、身份、地位等。当事人同指导者交流时大可不必担心泄露自己的隐私,一方面,指导者有自己的职业操守,会保守当事人的秘密;另一方面,网络本身就起到了保守当事人秘密的作用。

二、高校网络心理健康教育体系

(一)高校网络心理健康教育体系的含义

“体系”在汉语词典中的释义:“是指若干有关事物或某些意识相互联系的系统而构成的一个有特定功能的有机整体。”网络心理健康教育不单是网络技术的飞速发展所催生的一种新的教育方式,也是一种具有独立教育内容、独特教育途径与方法的全新教育体系。综观我国高校网络心理健康教育近十多年的发展不难发现,高校网络心理健康教育的理论和实践缺少整体性推进,多在局部围绕某一方面展开,这制约了网络心理健康教育的深入推进,限制了网络心理健康教育整体功能的发挥。因此,在网络时代,构建高校网络心理健康教育体系,发挥其整体功能,已经成为目前我国高校网络心理健康教育的迫切要求。

构建高校网络心理健康教育体系,一方面要确定网络心理健康教育体系的内容。高校网络心理健康教育体系是一个完整、复杂的系统,主要由网络心理健康教育理论和方法、网络心理健康教育内容、网络心理健康教育运行机制、网络心理健康教育目标等组成,每一个方面又是一个子系统。要构建高校网络心理健康教育体系,首先要对各个子系统进行分门别类的研究,建构网络心理健康教育体系的子系统。另一方面,要抓好网络心理健康教育体系的内在整合,处理、协调好系统中各子系统、各要素之间的关系。如教育者和受教者的双主体互动,网络心理健康教育目标与内容的一致,探索线下心理健康教育与线上心理健康教育的有机衔接和有效沟通,建构起立体化、全方位的网络心理健康教育模式,形成一个具有不同层次、动态与静态相结合、各子系统协调统一,既符合网络时代大学生心理素质教育要求,又切合大学生心理健康发展需要的结构合理、功能互补的网络心理健康教育系统,从而全面实现网络心理健康教育的目标。

可见,高校网络心理健康教育体系的理念、对象、指导理论、内容、方法、师资以及管理等是一个有机的整体,它是一个由若干子体系构成的系统工程,包括教育目标、教育内容、运行机制及教育途径与方法等子体系,各子体系间相互影响、相互作用,其协调程度极大地影响着网络心理健康教育功能的整体发挥。

(二)高校网络心理健康教育体系的特征

第一,高校网络心理健康教育体系具有开放性。开放性是网络社会的基本特征之一,虽然在现实中出于种种需要对网络进行监督和控制,但这并不能改变网络的开放性特征。高校网络心理健康教育体系的开放性一方面表现在网络心理健康教育体系处于与其他学科和理论的关联和互动之中,是一种新的开放的而不是封闭的综合体系;另一方面表现在它不是一成不变的,而是与时俱进的。因此开放性应是高校网络心理健康教育理论体系的首要特征。

第二,高校网络心理健康教育体系具有创新性。创新性是网络时代或网络社会的本质特征之一,也是高校网络心理健康教育理论体系的基本特点之一。一方面,网络心理健康教育研究要不断认识新情况、研究新问题,在理论上和方法上不断创新,这是网络心理健康教育理论体系构建的首要条件和基本前提。另一方面，要不断更新网络心理健康教育的原理和观念，网络心理健康教育实际运行的发展与更新应紧随计算机网络技术前进的步伐。只有这样，才能保持高校网络心理健康教育体系的生命力。

第三，高校网络心理健康教育体系具有综合性。网络心理健康教育是网络与心理健康教育相结合的产物，融合了多种学科的理论，其体系研究范围具有综合性。但网络心理健康教育理论体系的内容并非是对有关学科内容的简单拼凑。作为一个完整体系，网络心理健康教育理论体系的内容必然有其内在的逻辑联系和较好的综合性。

第四，高校网络心理健康教育体系具有实用性。高校网络心理健康教育理论体系与网络心理健康教育实践有密切的关系。一方面，网络心理健康教育理论研究是对网络心理健康教育实践经验的概括与总结，大学生的网络活动与实践已经成为网络心理学研究的源泉；另一方面，网络心理健康教育理论研究成果也需要拿到网络心理健康教育实践中去检验，并指导高校网络心理健康教育的实践。

（三）高校网络心理健康教育体系的内容

现代网络技术的不断发展和应用深化，必然要求传统心理健康教育理念、内容、方法和途径的改变和更新。因此，高校网络心理健康教育应当是一个包括以下广泛内容的体系：

1. 网络心理健康教育的概念及与现实心理健康教育的关系

网络心理健康教育概念的界定包括网络心理健康教育的内涵、特征以及它与现实心理健康教育的关系，推动线上心理健康教育与线下心理健康教育有效衔接、相互促进、有机融合等方面。

因此，应在沿用和整合现实心理健康教育工作模式（如教育模式、辅导模式、互助模式、危机干预模式等）的基础上，构建网络心理健康教育的运作模式：主体发展性模式、互动对话式模式和人本人性化模式。达成网络心理健康教育与现实心理健康教育的一致性目标，都应建立和完善的三级目标：发展性目标、预防性目标、治疗性目标。

2. 高校网络心理健康教育的现实依据

对网络心理健康教育的研究，首先要全面客观地了解当前高校网络心理健康教育的实际情况，只有从实际出发，理论体系的构建才能有据可依。

高校网络心理健康教育的现状分析包括两个方面：一是大学生对网络心理健康教育的认知和需求；二是高校网络心理健康教育的实施情况。对这一现状的掌握要通过实证研究的方法，掌握真实的数据和材料，并在此基础上客观理性地分析目前高校网络心理健康教育存在的问题。

3. 高校网络心理健康教育的理论依据

高校网络心理健康教育的理论探讨包括：网络心理健康教育的指导理论、基础理论以及理论借鉴。普郎克曾经说过："科学是内在的统一体，它被分解为单独的部门，不是由于事物的本质，而是由于人类认识能力的局限性，实际上存在着从物理学到化学，通过生物学、人类学到社会科学的连续链条。"可见，学科间的逻辑联系是网络心理健康教育研究进行多学科借鉴的科学依据。

网络心理健康教育理论的不断丰富和发展，需要充分吸收上述学科的最新理论成果。目前，很多学者从不同学科视角出发对网络心理健康教育理论进行了探讨。比如有学者从政治学的角度提出用科学发展观指导大学生网络心理健康教育，从网络心理学的视野去分析网络心理健康教育的基本特征等。这也为网络心理健康教育研究多学科整合提供了宏观视野。

4. 高校网络心理健康教育的对象分析

网络环境下大学生的心理，包括大学生网络心理问题的分类和大学生产生心理问题的原因分析，以及大学生各种心理现象的产生、变化、发展的规律和行为特点。因此，高校网络心理健康教育的一个最根本的任务，就是应从大学生网络和网民的现实出发，如运用道德心理的理论，分析大学生网络道德心理的现状，研究提升大学生网络道德心理的对策；运用学习心理的理论，分析大学生网络学习心理的现状，研究优化大学生网络学习心理的对策；运用人际交往心理的理论，分析大学生网络人际交往心理的现状，研究调适大学生网络人际交往心理的对策；运用性心理与爱情心理的理论，分析大学生网恋心理的现状，研究调适大学生网恋心理的对策；分析大学生网络沉迷、成瘾的现状，研究预防大学生网络沉迷以及治疗大学生网络成瘾的对策；运用犯罪心理学的理论，分析大学生网络犯罪的类型及原因，研究预防大学生网络犯罪的对策等。

5. 高校网络心理健康教育的内容和方法

在大学生网络心理健康教育内容中，要充分体现受教育者的需要。就受教育者的需要类型而言，主要有获取心理健康知识的需要、解决心理问题的需要、参与心理健康教育活动的需要等。首先，要拓展现实心理健康教育内容，使相关教育内容尽可能满足受教育者各个方面的需要；其次，要结合受教育者的日常生活开展网上心理健康教育活动，找到宣传教育的切入点；再次，要善于根据不同类型的心理需要，提供各种形式的网络心理咨询服务。心理健康教育的内容可分为障碍性内容和发展适应性内容两大块。依据网络心理健康教育的优势和大学生自身认知水平较高的特点，网络心理健康教育的内容应该以发展适应性内容为主，侧重于解决大学生在成长适应过程中所遇到的各种心理问题。一是通过网络建立大学生心理健康教育知识系统；二是将帮助大学生解决各种心理问题作为网络心理健康教育的重要内容。当然，和现实心理健康教育的有机结合有利于教育内容的整合。

进行网络心理健康教育，要对现实心理健康教育的方法进行沿用和整合，探索适应网络时代特征的新方法。所以，一方面，我们要充分发挥中国传统文化在大学生网络心理健康教育中的作用；另一方面，要借鉴和整合国外心理学的方法在大学生网络心理健康教育中的运用并进行积极创新，探索网络心理健康教育的新方法。

6. 高校网络心理健康教育的实施和评估

网络心理健康教育的实施研究包括其实践途径和实践队伍建设。进行网络心理健康教育实践主要是在建设心理健康教育网站、进行心理健康宣传教育的基础上，实现网络心理咨询、网上心理测试、网络朋辈心理辅导和互动交流、线上线下相结合的反应机制等。在线即时咨询、校园 BBS 咨询、留言本咨询、电子邮件咨询是高校网络心理咨询的主要服务形式。

实施网络心理健康教育，拥有一支理论水平高、业务能力强的网络心理健康教育专业队伍是关键。我们应该探讨网络心理健康教育队伍建设的重要性、网络心理健康教育队伍的素质要求及培养、网络心理健康教育队伍的选拔和管理等。网络心理健康教育是一项专业性强的综合性工作，不仅要求教育者熟悉心理健康教育的一般原理和方法，还要求他们熟悉网络专业技术和与时俱进的网络文化。比如网络心理咨询，要求咨询师对文本的感知和理解能力以及其文字表达能力较强。这就需要完整的网络心理咨询师认证制度，同时对网络心理咨询从业人员进行培训和考核，以培养有专业素养的网络心理健康教育队伍。

评估是构建网络心理健康教育体系的最后一环，改进和完善网络心理健康教育体系必须以评估为依据。高校应该通过建立完善的评估体系来评估网络心理健康教育的成效，在评估过程中发现问题并制订解决问题的方案，让网络心理健康教育得以可持续的发展。

第二节　基于“互联网视域下”大学生心理活动的类型与特点

据2008年7月中国互联网络中心(CNNIC)公布的数据,截至2008年6月底,我国网民数量达2.53亿,居世界第一位。中国网民的主体是30岁及以下的年轻群体,占到中国网民的68.6%。学生所占的比例最大,占总网民数量的30%。中国1 700万在校大学生中,95%以上都是网民。由此可见,大学生是互联网的忠实追随者。2007年的一项跟踪调查显示,从大学一年级升入大学二年级后,大学生上网的时间会由5.58小时增加到10.33小时,时间增加量差异显著。可见,上网已成为大学生生活的重要组成部分。有研究表明,大学生使用网络的需要及满足方式与网络使用的健康方式有着密切关系。那么,大学生使用网络时的心态具有什么样的特点呢?

一、认知方面

(一)尝试心理网络的互动和开放激励了大学生的尝试心理

与被动接受的传统媒介相比,网络有着明显的区别。不管大学生身在何处,只要进入互联网,就可以在统一的平台上以相互平等的方式从事信息制造、信息交流和信息利用,各种情绪都可得到尽情的表达和宣泄。对于崇尚自由、民主和平等的大学生来说,网络无疑是一个能崭露头角的好地方。大学生能充分体会到助人的自豪感,不受时空的约束和规矩的限制。

(二)猎奇心理

大学生对新鲜事物充满了好奇,而网络丰富的资源更促发了这种猎奇的心理。互联网把无数局域网连接起来,成为全球最大的信息库,其内容涉及社会生活的各个方面。这大大拓展了大学生的视野,为大学生带来全新的生活体验,满足了他们的好奇心理。

(三)信息搜集

互联网把人们的生活带入了一个信息爆炸的时代。形形色色的资讯在这里汇集,使需要查找的信息触手可及。数字图书馆、在线课程等的出现大大拓宽了大学生搜集资料和获取知识的途径,满足了大学生不断增长的认知需求。

二、情感方面

(一)减压心理

如今,社会对人才质量的要求越加严格。许多大学生在升学、就业或自身健康状况方面体会到的压力较以往大学生有所增加。而网络的隐匿性、开放性等特征给大学生适时转移、倾诉和宣泄自己的负面情绪提供了机会和场所。

(二)娱乐心理

在网上玩游戏、聊天、听音乐、看电影、阅读等已是大学生休闲娱乐的重要方式。大学生具有猎奇,追求浪漫、惊险刺激,对新事物、新信息反应迅速等心理行为特征,而网络的功能正好能与这些特征相匹配。因此,在网上冲浪成为大学生休闲娱乐的主要途径之一。

(三)价值体现心理

人需要在社会关系中获得自我价值。处于青年初期的大学生思想比较活跃,渴望友谊、理解与尊重。随着年龄的增长,生活空间的扩展和阅历的不断增加,大学生对自我价值感的追求表现得尤为明显,而网络为大学生的价值体现提供了便利条件。不论天涯海角,互联网都可以使人们彼此认识、交往,并在这种人际互动中获得自信、自尊和自我认同等价值心理。另外,通过网络这一平台来成就自己的学业、事业,也是大学生实现自我价值的重要手段。

(四)情感表达心理

通过上网寻求人与人之间的相互关心、理解和尊重,是潜藏在大学生内心中的上网动机之一。他们在网络中结识朋友，获得在现实生活中无法得到的情感交流和满足。在网络里，他们表达情感的主要方式有聊天、建立个人网页、写博客、网恋和在BBS上发表自己的观点和见解等。

三、人际方面

（一）沟通心理

人际交往是大学生身心发展的需要。网上沟通这种新的人际交往渠道为大学生展现自我和接触社会等提供了一个新的平台。通过聊天、论坛留言或博客交流等沟通方式，大学生可以畅谈自己的看法，获取别人的观点。

（二）交友心理

随着自我意识的增强，大学生逐步摆脱了对父母、老师的依赖，但同时对同龄人的依赖有所增长，需要在新环境中获得同伴的友谊。如今，网络作为一种交友工具在高校学生中已经相当普及。

（三）恋爱心理

随着身心发育的日渐成熟，大学生对爱情的渴望和追求自然萌发。网络为大学生恋爱的自我表露、情感需求带来了新的体验模式。开放的网络为大学生寻找恋爱对象增加了概率，网络的隐匿性则更能让人直接地表达出内心的情感。

第三节　互联网普及环境下对大学生心理健康的影响力

网络生活方式的普及，对于高校这个信息传输与获取的前沿高地的影响是深刻的。然而，我们应当看到，任何科学技术的发展都是一把双刃剑，网络也不例外。正如爱因斯坦所说的,“科学是一种强有力的工具。怎样用它,究竟是给人们带来幸福还是带来灾难,全取决于人民,而不是取决于工具”。网络发展给大学生的心理健康发展提供了前所未有的机遇,但同时也提出了挑战。我们应该充分认识网络发展的双重作用,即它对大学生心理健康的影响既有积极的一面,也有消极的一面。胡锦涛同志指出:“互联网已成为思想文化信息的集散地和社会舆论的放大器,我们要充分认识以互联网为代表的新兴媒体的社会影响力。”在网络生活方式下,大学生的心理发生了很大的改变,这些变化不仅表现为个体心理的变化,还表现为群体心理的变化。

一、网络生活方式对大学生个体心理的影响

网络时代的到来正在改变着人类的生活方式,对知、情、意、行都正处在发展变化之中的当代大学生而言,网络更是充满了神奇的诱惑。网络生活方式对大学生个体心理的影响主要体现在以下几个方面。

(一)网络生活方式对大学生认知的影响

认知是指感觉输入的转换、归纳、阐述、储存和使用的过程,也就是人们在某一特定的时刻思考事物和感受事物的过程。大学生处在成长的黄金时期,他们的世界观、人生观、价值观正处在形成和成熟的阶段,求知欲强,能够快速接受新鲜事物。网络生活方式的普及对大学生的认知产生了很大的影响。

一方面,网络生活方式为大学生提高个人素质提供了新的发展机遇,有利于大学生创造力的发挥。尼葛洛庞帝指出:“我们已经进入了一个艺术表现形式得以更生动和更具参与性的新时代,我们将有机会以截然不同的方式,来传播和体验丰富的感官信号。尽管这种做法似乎把重要的艺术作品全然世俗化了,但数字化使我们得以传达艺术形成的过程,而不只是展现最后的成品。这一过程可能是单一心灵的迷狂幻想、许多人的集体想象或是革命团体的共同梦想。”网络生活中的个体既是网络社会的成员,又是具有选择性和生产性的个人。网上充满各种各样的信息,要求大学生选择对自我有用的信息,而不是被信息的海洋淹没。他们将有机会以截然不同的方式来体验丰富的感官信号。随着越来越多的大学生“生活”在网络世界里,这种选择行为行变得越来越大众化和多样化,个体可以根据自己的需要选择和支配自己的思想及行动的方向,使个体表现出显著的创造性。网络在一定程度上使当代大学生摆脱了对知识权威的从众心理,更有利于创造性发挥;网络的高科技特点进一步使当代大学生意识到脑力劳动和创造性劳动的重要性,从而增强培养创造能力的自觉性和主动性。

另一方面，网络生活方式频繁使大学生对信息消化不良，降低了大学生的感知能力。大学生在从不同渠道获取信息的过程中，会因为社会化信息的冲突而产生认知失调。美国心理学家费斯汀格的“认知失调理论”认为，人的各种认知因素之间，如果不是“无关的关系”，就肯定是“协调”和“失调”的关系。大学生网络生活这种新的生活方式同现实生活方式发生着冲突，会导致大学生的认知失调。结合大学生的心理特征来看，在现实的和虚拟的两种社会化途径和生活方式中，大学生更多地倾向于选取后一种方式，但是现实又始终是不可抗拒的存在。可见，虚拟的网络生活方式和现实生活方式的冲突是不可避免的，因此会致使广大青年学生产生认知失调。

过度接触会造成认知麻痹，人们长时间感知同一事物后容易对该事物的感受性降低，这就是心理学上所说的“适应”。网上海量的信息容易使大学生头脑麻木，对大学生的认知产生消极影响。从人认知活动的规律这一角度来讲，当外界信息的输入量超过人的正常承载量之后，容易造成人的心理压力和思维混乱，因为这些没有经过消化的信息残留会在潜意识中干扰大学生的学习、思考和价值取向，从而影响大学生思维的深度和广度，这样势必导致大学生感知能力的降低。

（二）网络生活方式对大学生情感的影响

情绪和情感是人们对于客观事物是否符合其需要而产生的态度的体验。从情感体验的发展过程来看，大学生的情感还具有想象性的特点，常常会有一种不现实的体验。大学生正处在情感体验的高峰时期，喜、怒、哀、乐在他们的情感中都有强烈的表现。网络生活方式的出现为大学生提供了抒发情感的空间，但同时也对大学生的情感产生负面影响。

一方面，网络生活方式为大学生提供了情感表达的空间，有利于大学生不良情绪的宣泄。心理学研究表明，人们在社会生活中需要相当程度的“撒谎”行为，需要某种“面具”。网络生活方式的匿名性带来了个体行为方式的去抑性，使个体基于道德准则的要求和社会规范的约束而形成的自我克制力大大减弱。网络生活的“遮蔽”和“再造”作用，能够随意修饰人的身份，使网络自然而然成为潜意识和“自我”宣泄的场所，也成为那些不堪现实生活重负的个体的“心灵的避难所”。在网络生活中，大学生可以卸掉日常生活中的面具，大胆地将真我展现出来；能得到毫无功利的情谊的关怀和尊重，为郁闷、压抑、焦虑等不良情绪找到宣泄口，从而排除不良情绪，恢复心理健康；可以突破年龄、性别、社会地位、家庭背景等客观因素的限制，建立起和谐、平等、自信的人际环境。这有助于大学生深藏在潜意识中的不被正常的社会意识所承认的各种愿望和需求得到满足，对于大学生情绪情感的完善、发展、丰富有着积极的意义，缓解心理压力。

另一方面,网络生活方式可能导致大学生情感的迷失。一是大学生在网上表达自己的情绪或情感时,无法体验面对面交流的情感色彩。很多网络游戏所营造的虚拟世界充满血腥和暴力,久而久之,必然引起人情感的匮乏和冷淡,从而在现实中变得麻木,甚至产生网络恐惧、网络依恋、网络孤独、网络抑郁以及网络自我认同混乱等心理障碍,这就必然导致个人情感迷失,同时也给人带来负面影响。正如有研究者所言:"本我展现的需要导致自我的迷失,归属与爱的需要带来了精神的失落,自我实现的需要得到的是习得无助的强化。"同时,网络生活成瘾在大学生群体中也是十分普遍的现象,他们在网络世界中倾注大量的情感,而忘记了对现实世界的关注,忘记了自己在现实社会中的角色和需要承担的相应的责任,从而使自身的情感变得麻木。二是大学生长期沉浸在网络生活中而产生网络孤独感。长期沉迷于网络生活中的学生,往往把自己禁锢在网络的虚拟世界中,久而久之,与现实社会的距离越来越远,虽然部分人会对虚拟的网络生活感到厌倦,但是当他们试图回到现实社会中的时候,却发现无法再与现实世界和谐相处,于是就会产生网络孤独感。有调查显示:有20%的青少年在网络生活中感到情绪低落,产生孤独感;12%的青少年沉迷于网络生活,与亲人和朋友疏远。

(三)网络生活方式对大学生人格的影响

人格是一个人所表现出来的稳定的精神面貌,是具有一定倾向性的心理特征。人格是人的特点的一种组织,是一种心理现象,也是一个人不同于他人的全部心理特征的总和,包括性格、兴趣、爱好、特长、智力、技能和社会价值观与处世原则等。人格特质,是构成一个人思想、情感、行为的特有模式,这个特有模式包含了一个人区别于他人的稳定而统一的心理品质,是指个体在行为上的内部倾向,它表现为个体在适应环境时在能力、气质、性格、需要、动机、价值观等方面的整合。网络生活方式对健全大学生人格提出了很大的挑战。

一方面,网络生活方式有助于增强大学生的自我意识,促进大学生独立人格的形成。自我意识是人格的核心。在崇尚个性化的时代,网络生活能够大大强化大学生的自我意识,在一定程度上能表现出大学生的独立自主性,网络无中心化的特质也能够增强大学生的平等意识和民主观念。网络生活方式让大学生接触到不同的新文化、新思想,督促个体不断地挖掘自我、完善自我,形成内涵更加丰富的自我。多种多样的网络生活方式,不可避免地对大学生已有的心理特征、价值观和行为习惯产生冲击,要适应这种新技术革命带来的冲击,个体也要建立与之相应的新的思想观念和行为方式，以增强自身的独立意识和社会适应性。网络生活的双向或多向信息传递方式，使大学生可以独立地参与、主动了解各种信息，接受来自不同角度的建议。在开放式的网络生活方式中，大量的真善美、假恶丑信息一同展现在大学生面前，要求他们自己做出独立的判断和甄别，经过自身的判断整合，形成自己的观点。这种开放、平等、民主的网络环境使大学生在人机对话的网络生活中，能充分锻炼自我，培养独立自主的人格。

另一方面，网络生活方式可能导致大学生人格异化，使大学生失去自我。对于部分缺乏道德和法律意识的大学生群体来说，网络空间成为他们为所欲为的场所，加之很多学校对上网的时间没有限制，很多学生因缺乏自控力和不能很好地调适自己的猎奇心理而沉迷于网络生活无法自拔。大学生在网络生活中的形象是戴着面具的“虚拟形象”，长期以“虚拟形象”出现，可能会使其在现实中亦出现“人格面具化”的状况，久而久之，就会脱离现实，一味地沉浸在网络世界虚幻的生活环境之中，进而渐渐失去对现实生活环境的感受能力和积极参与意识，表现出孤僻、冷漠、紧张、缺乏责任感和欺诈等心理现象及行为，最终导致人格异化，形成数字化的虚拟人格、封闭人格、迷惘人格以及多重人格，有的甚至不能适应社会的生存。比如一些学生因无法从网络世界解脱出来，无法在现实世界中很好地生存，而产生网络孤独感、睡眠障碍，或出现饮食下降、生物钟紊乱、体重减轻、精力减退、能力下降、思维迟缓、自杀意念和行为以及社会活动减少、大量吸烟、酗酒和滥用药物等现象。

（四）网络生活方式对大学生世界观、从生观、价值观的影响

大学生的世界观、人生观和价值观正处于形成和发展阶段，稳定性差、可塑性强，非常容易受到外界环境的影响。网络生活丰富多彩，网络生活内容五花八门、良莠不齐，充斥着各类文化思想、价值观念、生活准则和道德规范，这些内容对涉世未深又充满好奇心的大学生具有不可抵挡的诱惑力，并对大学生的世界观、人生观和价值观产生潜在的影响。

一方面，网上的正面信息对大学生“三观”的发展具有正确的导向作用和激励鼓舞作用。网络自由开放的特性打破了信息垄断，人机互动带有极大的平等性和自愿性，这种平等性和自愿性，强化了大学生的平等观念。同时，网络生活方式打破了时间和空间的局限，给大学生展示了一个丰富的世界。大学生通过网络了解更多的信息、结识更多的人群、参与更多的事件，用亲身实践打破了过去的封闭和局限，强化了自身的开放观念。正是由于网络生活强化了大学生的平等观念和开放观念，使大学生更加富有激情地去学习网络中的正面信息，接受网上正确舆论的引导，从而促进正确的世

界观、价值观、人生观的发展。

另一方面,网上的负面信息对大学"三观"的发展变化具有误导作用。网络集有益信息和有害信息、真实信息和虚假信息于一体,是无法得到全面过滤的。其中的有害信息、虚假信息毫无障碍地得到传播,无疑会对大学生的思想观点产生极大的误导作用。网络黄色、网络暴力、网络诈骗、封建迷信等垃圾信息布满众多网站,极大地冲击着大学生的思想意识。大学生很难再按照教育者事先设计的思想和目标去理解领会信息,而必须运用自己的是非观、判断力来对信息进行辨别,再转化为行为。虽然互联网中资源广泛,信息丰富,但是大量的虚假信息、色情内容哄骗和诱惑着大学生的内心,严重影响他们的是非判断力。另外,网络生活中形形色色的西方思潮导致大学生的意识形态不断西化。很多网络生活内容,比如网络游戏来自欧美、韩国和日本,这些内容大都体现的是西方文化的价值取向,往往与我国的传统道德、社会主义核心价值体系背道而驰,容易诱导大学生形成对西方文化价值的认同或者否定我国的道德价值观念,进而导致大学生价值观的偏离和人生观的错位,形成错误的世界观、人生观和价值观。

二、网络生活方式对大学生群体心理的影响

网络群体是指具有共同特质、归属感,并且维持着形成社会实体的社会联系和社会互动的群体。从社会心理学的角度出发,网络群体是指一种心理群体,有条件地以虚拟的形式分化出来,相对独立地存在,与网上的、地域的和社会的群体相关的心理群体。群体心理是指一定人群所结成的社会共同体的共同意识和心理倾向。网络生活方式在大学生生活中的普及使大学生参与不同的网络群体,并对大学生的群体心理产生着深刻影响。

(一)从积极方面来看,网络生活方式增强了大学生的群体心理归属感

网络生活方式的出现将长期封闭在 "象牙塔"中的大学生释放了出来,为大学生提供了在群体中进行角色实践的训练场,允许他们在网络群体中从不同方面展现自己,在角色扮演的过程中,体会角色的需求和情感,明白群体的规范,适应群体对个体的期待,学习担当不同的社会角色,并借助网络群体成员间的互助检验自己,进而提高把握各种社会角色的尺度能力和社会适应力。由于网络去抑制效应的存在,提供讨论个人观点的适宜环境氛围使得群体成员对这个群体感到满意,这也正是他们觉得有组织归属感、形成群体内聚力的原因。网络群体成员在意识和爱好等方面有很多相同之

处，彼此之间非常信任，大学生加入网络群体，可以增强心灵的归属感，为学习和生活提供一个和谐的环境。同时，在这种角色体验过程中，大学生的自信心和心理优越感得到了一定程度的提升。

（二）从消极方面来看，网络生活方式导致了大学生的群体心理极化

美国芝加哥大学法学院的凯斯·桑斯坦教授认为：“毫无疑问，群体极化正发生在网络上。网络对许多人来说是极端主义的温床。因为志同道合的人可以在网上轻易且频繁地沟通但听不到不同的看法。持续暴露于极端的立场中并听取这些人的意见，会让人逐渐相信这个立场。”网络生活方式导致的大学生群体极化心理主要体现在以下几个方面。

1. 盲目从众心理

从众是指在任何形式的群体压力下，个体放弃自己的观点、态度或行为，采取与多数人相一致的观点、态度或行为的现象。群体中的个体会表现出明显的从众心理，“在群情激奋的气氛中的个体，又会清楚地感到自己人多势众，因此他们总是倾向于给自己的理想和偏执赋予十分专横的性质”。在网络生活的环境中，非常容易形成人多势众的局面，这给偏激者以一种力量感。由于网络世界缺少社会约束力，匿名状态使很多大学生失去责任感和自我控制的能力，持续处于群情激奋的偏激的气氛中，很容易产生错觉和盲目的力量感。因此，在网络群体中，一些大学生不畏惧失去自我，心甘情愿地服从群体，盲目从众，不利于自身心理的健康发展。

2. 非理性心理

非理性是一种难以控制的情绪状态。受众在网络中表达批判意识时，往往会丧失理智。网络信息的爆炸和虚假信息的存在使网络群体在网络生活中失去了理性。大学生参与网络群体，也会产生非理性心理。每个置身于网络虚拟群体中的大学生，都像是参加了一场假面舞会，这样的隐蔽性使部分大学生弃伦理道德于不顾，自由发布信息，包括一些暴力、色情等垃圾信息，在网络生活中失去了理智。网络生活的隐匿性使得网络虚拟群体的规范制定变得困难，容易使涉世未深的大学生滋生自由主义和无政府主义等非理性心理。

3. 无意识心理

有研究者认为网络群体心理极化现象从本质上讲是一种集体无意识心理的反映。

网络传播的低成本、低风险与网民身份的隐匿性以及网络中最初出现的网络事件触动并激活、唤起众多网民的潜意识,从而引发网络暴力。刻薄地谩骂、讥讽,这些在网络生活中频繁出现的负面宣泄严重危害了大学生的心理健康。

三、培养合理网络生活方式有利于大学生的心理健康发展

对于合理的生活方式先后有两种大同小异的定义:第一种界定为科学、文明、健康的生活方式包括正确的人生和价值观,科学的学习方式、良好的集体生活习惯以及合理的消费习惯。第二种界定为在科学理论和科学知识的指导下,合理、和谐、稳定的生活方式。还有学者认为合理的生活方式是指建立在自己的物质基础之上,与社会发展相适应的适度、理性的生活方式,在学习、生活、娱乐中能够积极促进个人身体、心理和谐发展的生活方式。

我们认为大学生合理的网络生活方式是指在科学理论和科学知识的指导下,合理、和谐、稳定的网络生活方式;是建立在自己已有的物质基础之上,与社会发展相适应的适度、理性的网络生活方式;是在网络学习、网络生活和网络娱乐中能够积极促进个人身体、心理和谐发展的生活方式。培养合理的网络生活方式有利于大学生的心理健康发展。

(一)大学生合理网络生活方式的内容

合理的网络生活方式,是与不健康、不文明或不科学、不合理的网络生活方式相对应的网络活动方式和网络行为习惯。大学生合理的网络生活方式表现为良好的网络学习生活方式、文明的网络闲暇生活方式、科学的网络经济生活方式及有序的网络政治生活方式。具体包括正确的网络信息甄别能力、文明守法的网络生活习惯、积极健康的网络参与情趣以及灵活高效的网络运用能力。其主要体现在以下几个方面。

1. 运用马克思主义基本原理分析问题是大学生合理网络生活方式的原则内容

网络生活方式给大学生提供了诸多的便利条件和丰富的信息资源,在很大程度上方便了他们的日常生活。但网络生活中也存在着“泥沙”,鱼龙混杂的信息现象随处可见,各种暴力、色情内容充斥其中,西方的个人主义、拜金主义、享乐主义、极端个人主义以及西方的政治意识形态等腐朽文化和错误思潮亦混迹其中。合理的网络生活

方式首先要求网络生活主体的思想是积极健康的，要求网络生活主体具备基本的马克思主义理论素养，坚定政治立场，善于运用正确的思维方式去分析网络生活中的各种现象，思考网络生活中的各种观念，不要盲目相信他人的观点和屈服于外在的力量，要保持高度的政治敏锐性，提高政治鉴别力。

2. 自觉遵守网络道德和网络法律法规是大学生合理网络生活方式的基本内容

网络社会是虚拟的社会，大学生和谐的网络环境的创设要依靠全体网络参与主体的道德自律精神和强烈的法治意识。首先，合理的网络生活方式的主体是网络道德人，人们自觉遵守网络公德，文明上网，诚实交往。其次，合理的网络生活方式的主体严格自律，自觉抵制和打击网络垃圾信息。第三，合理的网络生活方式的主体是网络守法人，人们自觉遵守国家网络法律法规，不盗用他人账号密码，不制造、传播有害信息，不侵犯他人隐私。

3. 善于利用网络为生活服务是合理网络生活方式的核心内容

在网络信息社会，大学生应顺应时代发展的要求，积极培养网络素养，逐渐融入网络生活。具体包括：一是培养敏锐的网络意识，对网络中的各种信息能够做出敏锐的反应，认识到网络信息的重要作用；二是与时俱进，掌握基本的网络技术，善于运用网络多媒体，使用网络检索工具查找资料，为学习、生活服务；三是学会正确地使用网络交流工具，体验网络生活方式，例如自如地运用 QQ、E-mail、WeChat 等进行人际交流，科学地使用网络银行，合理地参与网络购物，积极地参与网络政治讨论，适当地体验网络娱乐等，学会享受网络生活方式带来的便利；四是学会使用网络杀毒软件、防火墙等，维护网络系统的安全和网络信息的安全。

4. 主动参与健康网络的建设是合理网络生活方式的目标内容

交互性是网络生活中信息传播的重要特征，大学生合理网络生活方式的目标就是能够积极自觉地参与健康网络的建设，自觉地提升网络生活品质。主要包括以下几点：大学生能够自觉关注网络上的重大新闻事件，理性地参与热点问题的讨论，发表负责任的观点，传播先进的积极向上的网络文化；能够积极自觉地参与健康网络平台的建设，不断丰富网络生活的资源和内容，使网络的功能得以不断优化；能够勇敢地、自觉地同网络生活中的违法、违规行为作斗争，共同营造良好的网络法治环境。

（二）大学生合理网络生活方式的要求

1. 上网有“序”

社会的发展几乎都是从无序向有序发展的。合理的网络生活方式也要求有序上网，不能一上网就忘乎所以、为所欲为、无法无天、胡搅蛮缠，而应该是理性地、健康地、积极地和向上地上网。合理的网络生活方式要求大学生将网络生活方式作为自己获得科技文化信息、沟通人际交往、合理享受休闲娱乐、合理宣泄不良情绪以及提高政治参与热情的有效手段，将网络生活内容作为自己大脑的延伸和个体智慧的拓展，在网络生活中做到井然有序、有条不紊、扬长避短、为己所用。

2. 上网有“节”

古语云：“没有规矩不成方圆。”古往今来，不论做什么工作，从事任何职业，都得有章法。同理，合理的网络生活方式也要求大学生应该上网有“度”，“度”就是限度。有些大学生缺乏节制能力和自控能力，毫无限度地上网，最终因迷失网络而耽误了学业甚至人生，“一失足成千古恨”。更有甚者，盲目跟风，消极模仿，结果铤而走险，走上犯罪的道路，断送了自己的美好前程。上网有“度”，上网有“节”，是当代大学生这一“网络新生代”的自我保护机制。这一要求最直接的体现就是要处理好网络闲暇生活方式，特别是网络娱乐生活方式与网络学习生活方式的关系。

3. 上网有“益”

网络没有红绿灯，但也不是条条大路通罗马，它全凭当代大学生的理性和灵性，来驾驭自己的心理航船，畅游天下。合理的网络生活方式要求大学生有选择地获取信息，而不应该“拉到篮里都是菜”。大学生应该以对自己有“益”作为一个取舍的标准，对于那些网络垃圾和“色情霉素”不屑一顾，对于那些含金量较高的科技文化信息则如获至宝。事实证明，理性上网，坚持有益，持之以恒必有好处。诸多年轻有为的可用人才的成长经历有力地证明：他们都从网络获“益”匪浅。因此，合理的网络生活方式要求“网络新生代”们扬长避短，发挥优势，努力使自己迅速成长为社会所接纳的知识经济时代的合格的高素质人才。

第五章　基于“互联网视域”的大学生心理健康模式发展

第一节　大学生上网行为的动机分析及心理反应

网络的种种优点让作为时代弄潮儿的大学生成为应用网络的主流。那么大学生上网的动机是什么呢？总体而言可以分为以下几类：

第一，网络学习。因特网逐步走进学校和家庭，也给教育带来了一场深刻的变革。当前，网络已成为教育过程中的一个重要工具，各国都兴起了 Internet 进入学校的热潮。由于大学生对新生事物的敏感性，故上网很快成为大学生学习生活中的一种时尚，并逐步对传统学习习惯、学习方法及生活习惯产生冲击。当然，网络学习的优势是显而易见的，主要体现在这些方面：首先，学习网站拥有充足的学习资源。通过上网，学生能够快速运用前人或他人的知识，开阔视野；学习网站信息资源丰富，图文并茂，对提高理解能力大有裨益；当遇到疑难问题或需要更多信息时，无须购买大量的参考书籍或请家教，可以直接从学习网站获得帮助。网络拓宽了获取知识的渠道，是一种学习知识的新途径。其次，网络可创设模拟现实的学习环境。在网上，学生可以抛开一切束缚，大胆创新；可以根据自己的想法进行网上模拟实验，充分挖掘潜能，并且获得计算机做出的即时反应,这为继续进行探究和创造提供了最安全、最可靠、最快速的环境。再次,网络学习在某种程度上有利于培养学生的动手能力和独立思考问题的能力,弥补课堂教学的不足。

第二,网络游戏。随着互联网在中国的快速普及,网上娱乐的方式、内容、受众数量在急剧增加,网络游戏将依附网络状态,成为一种更有意义的娱乐活动。作为一种新的娱乐方式,网络游戏将动人的故事情节、丰富的视听效果、高度的可参与性,以及冒险、悬念、神秘、刺激等诸多娱乐元素融合在一起,为玩家提供了一个虚拟而又近乎逼真的世界。客观地讲,网络游戏同其他任何娱乐产品一样,具有其积极的一面。除去一些内容品位不高、缺陷严重的游戏,大多数游戏都具有启迪智慧、丰满人格的作用。在网络游戏搭建的虚拟世界中,参与者除了得到娱乐、学到知识,还可以经历各种情感与精神的体验,如友谊、竞争、团队协作等。正因为如此,各种各样的网络游戏吸引着成千上万的大学生,使他们成为网络游戏大军中的主力。但是网络游戏基本上是以战斗、升级为主要内容和规则目标的,所以一旦上手,便让人欲罢不能,极易导致学生荒废学业或其他一系列的负面效应。部分大学生为了能够泡网吧玩游戏,节衣缩食,甚至走上违法犯罪的道路。他们不仅将最宝贵的时间浪费在玩网络游戏上,甚至因此亲手葬送了自己的美好人生。

第三,人际沟通。E-mail、BBS、OICQ、MSN、聊天室几乎是每一个大学生耳熟能详的词。的确,网络的诞生为交流带来极大的方便。电子邮件的出现让我们不必再通过邮局将信件寄出,而且收件人几乎能够即时地收到邮件;在 BBS 上可以大胆地发表自己的观点,还可以打听到各种自己所不知道的信息;通过各种各样的聊天软件、聊天室,可以跟各种认识的、不认识的人天南地北地聊天,而且还能结识不同的朋友……网络的匿名性,使得大学生可以在网上畅所欲言,将在现实中不敢讲的话通过敲击键盘向对方倾诉。网络功能的不断扩大,如视频聊天、语音聊天、网络短信等的推出,使得交流的手段更加丰富。2004 年春节期间,约有 80 万广州市民泡网吧过春节,他们通过聊天软件向亲友发出新年的祝福。当然,我们不可否认,网络功能的强大也为不法分子增加了违法犯罪的渠道。电信诈骗、网络诈骗、网络恐吓等,其手法、方式层出不穷。在网络时代,人人都要提高辨别是非的能力,文明上网、依法上网。

第四,浏览下载。大学生上网还有一个很大的动机就是浏览下载。通过查询,下载各种文本资料、音乐、电影、软件等是对互联网的另外一种利用方式。网络时代的到来已经使这个世界变成一个“不怕找不到,只怕想不到”的世界。

一部分大学生在上网期间会光顾成人网站。对性知识的渴求与本身对其了解程度的缺乏使得大学生对于老师、学校都三令五申的禁区有着极大的兴趣。但是成人网站中包含着很多虚假信息，对于心理尚不完全成熟的大学生来说，很容易误入歧途。

第二节　大学生健康网络心理的培养

一、大学生理性网络观的确立

所谓网络观，就是指人们对网络的认识和看法。其中包括：网络的本质究竟是什么，网络给人类社会带来了什么，如何正确地利用网络和看待网络发展过程中出现的种种问题。确立正确网络观的前提是具备正确的世界观、人生观和价值观，以及对网络的充分了解。

要树立理性的网络观，做到以下几点是十分重要的：第一，克服“唯科学主义”，树立辩证的科学人文观，将科技和人文结合起来思考和认识网络社会；第二，要学会运用辩证唯物主义的方法论来关注网络、驾驭网络，确保自己既能走进网络、利用网络，又能走出网络、远离网络，真正做到“该下网时就下网”，使网络真正“为我所用”；第三，充分认识到“网络—人—社会”的内在联系和现实逻辑关系，关注网络的现实社会影响和价值，确立“以人为本”的网络发展观；第四，在正确的网络观念下支配网络行为；第五，防止“反客为主”的异化现象。网络社会中的异化，主要表现为信息符号的异化，即在某种情况下，信息符号反过来成为控制人、奴役人的异己力量，人受制于信息符号而处于被动受控的地位。大学生一“网”情深，陷入“网海”不能自拔，并出现程度不同的“网络综合征”，就是网络异化的一种表现。树立健康、正确、理性的网络观是网络行为理性的思想性保障。

二、网络理性行为、理性人格和理性精神

大学生网络行为的理性塑造，主要包括理性人格的构建、理性行为的养成和理性

精神的弘扬。大学生网络行为的理性离不开理性人格的构建。健全的人格首先是理性的人格,也是社会化的人格。美国心理学家奥尔波特认为,成熟、健康是人格健全的标志,成熟、健康的人不受无意识力量所控制,也不受童年心理创伤或冲突的控制,而是在理性和意识水平上进行的。理性人格的构建,是以理性认识为基础的。理性认识是基于感性认识、知性认识层次之上的认识阶段,它不再满足于对一个客体的知性认识,而要挖掘客体之间的内在联系,发现由若干客体组合成的系统或体系。理性认识以观念把握系统的本质特性,又以模型再造系统的结构和过程。同知性认识相比,理性认识既保留了知性概念的确定性,又在客体之间的联系中达到了更高的抽象性和整体性;同感性认识相比,理性认识在模型中保留了客体之间的相互联系、相互作用的形象性和动态性,又以知性概念的确定性克服了感性经验的模糊性和杂乱性。网络行为主体对网络社会的认识由感性上升到理性的阶段,为构建网络的理性人格奠定了认识论的基础。

大学生网络行为的理性,最根本的是网络行为的理性外化。网络主体理性行为的养成,不仅依赖于对网络人文精神的高度关注。网络理性行为的养成,需要在正确的网络观、理性的网络人格和突出人的主体性的"以人为本"的人文理念的作用下,通过长期实践过程得以实现。

培养网络的理性精神,是网络行为理性的最高境界。网络的理性精神是凝聚在网络主体和网络社会中的网络人文精神的升华,是指导人们网络行为实践的意识力量,是倡导网络行为理性的精神价值追求。

三、大学生网络行为的自律

在网络社会中,个体自主性的体现是任何传统通信方式所无法比拟的。网络道德环境缺少他人的干预、管理和控制,要求人们有较高的自律性。如果说传统社会道德主要是一种依赖型道德,那么网络社会中人们建立起来的应该是一种自主自律型的新型道德。在这种道德环境中,需要倡导人们网络行为的自律,倡导网络秩序的自治。

马克思曾说过:"道德的基础是人类精神的自律。"大学生网络行为道德规范对人们生活行为的作用不具有强制性,而是依靠人们内在的道德需要和外在的行为自律来实现的;网络行为法规除了对网络主体行为实施强制性的约束和规范之外,还发挥着促使网络主体网络行为自律意识提高的功能。

1. 自律:网络行为的必然要求

大学生道德和行为规范涉及大学生活的各个方面,对大学生的行为起着导向调节作用。但是这种作用只有通过大学生们的行为自律才能得以发挥。由于网络自身和大学生群体都具有独特的属性,这种属性决定大学生更应该把网络规范内化为自己的道德需求,转化为自己的自觉行动,这也是大学生自律的深刻含义之一。

大学生是生理成熟但心理相对不够成熟的群体,他们的网络行为表现为认知上的理性和行为上的缺少自控、不够成熟的特征。2002 年 4 月 23 日,中央人民广播电台《晚间新闻》有这样一则报道:中国广大的大中小学生网民中,有 46% 的学生坦言进入过色情网站(事实上远不止这个比例)、76% 的学生利用网络在线玩游戏,55% 的学生网络聊天,只有不到 20% 的学生利用网络进行信息搜索。某新闻杂志上曾刊登一则题为"全国十所高校大学生应用网络状况"的调查报告,报告表明:在 200 名调查对象中,有超过 50% 的人上网主要是为了收发邮件、看新闻及评论、发送贺卡及用 OICQ、ICQ、MIRC 聊天识友;1/3 以上的人是在关注感兴趣的论坛,写帖子,下载音乐,在线看片子,玩游戏、棋牌等。200 名对象中,仅有 3 人(约占 1. 5%)上网主要是为了接受远程教育,入网校进行电脑知识培训等,很多网民对电脑的专业知识要么知之甚少,要么一问三不知,而一谈论起网络游戏、在线碟片则津津乐道、眉飞色舞。某重点高校大一学生小张,高中毕业时以优异的成绩考入该校某热门专业,结果入学第一个学期下来,期末考试的八门课程中,有六门"挂红灯",而且大多低于 30 分,仅有两门及格课程均为 60 分。当老师对他做思想工作时,他长叹道:"我以为上了大学该放松自己了,整天泡网吧,沉迷上网,别人的规劝听不进去,是我管不住自己才害了自己。"

大学生由于过度上网,沉溺网络不能自拔而退学、影响学业、影响心理健康和人际关系的现状已相当严重,不能不引起高度重视。事实上,影响大学生健康成长和成才的问题并不在于网络本身,而在于大学生自身缺少自律,不能合理上网。自律是大学生网络行为的必然要求。

2. 自律:大学生自我管理的根本体现

现在,大学生住宿正朝着新型学生公寓的模式发展,不仅实现了老宿舍楼的改造,还建造了新的公寓大楼。另外,宿舍楼已由校内向社区扩展,实现学生公寓校内—校外的二元格局。

新时期的大学生宿舍大多都装置了光纤网线,学生坐在寝室里就可以实现"睁眼看世界",广交八方朋友,周游全球各地。电脑在高校大学生寝室已经相当普及,大学生个人拥有电脑的人数日渐增加。在这种社会信息网络化程度日益提高的新型学生公寓管理模式下,对大学生的教育管理工作,除了加强学校的思想政治工作之外,更要注重充分发挥大学生的自我教育、自我管理和自我服务功能,强化自治意识。大学生实现“三自”的根本体现和核心在于大学生的自律。目前，各高校纷纷成立大学生自治性组织，如大学生宿舍管理委员会、大学生自律中心、大学生执法队伍及其他类型的大学自治性群众社团，在自我管理中发挥了积极的作用。学校应该成立大学生网络自治性管理组织，用自律来优化大学生网络行为，维护网络秩序。

2002 年 3 月 18 日，我国互联网协会第一届责任与道德工作委员会宣告成立；同年 3 月 26 日，我国互联网协会在北京人民大会堂召开签约大会，并正式发布《中国互联网行业自律公约》（以下简称《公约》）。《公约》共 31 条，分别对我国互联网行业自律的目的、原则，互联网信息服务、运行服务、运用服务、上网服务，网络产品开发、生产以及其他与互联网有关的科研、教育、服务等领域从业者的自律事项等作了规定。团中央等有关部门也针对青少年纷纷触“网”问题，颁布了《全国青少年网络文明公约》，这也是一个要求自律性的公约，提出青少年上网要做到“五要五不”：要善于网上学习，不浏览不良信息；要诚实友好交流，不侮辱欺诈他人；要增强自护意识，不随意约会网友；要维护网络安全，不破坏网络秩序；要有益身心健康，不沉溺虚拟时空。这些公约都为大学生网络行为自律创造了良好的氛围，大学生应该引以为鉴，自觉履行。

3. 慎独：网络行为自律的道德境界

“慎独”是指一个有道德修养的人即使独自一人，无人监督，也能坚持自己的道德信念，实践道德行为。网络社会的超时空性和人们交往的匿名在线的特点，决定了网络崇尚自由与自我，“e”空间是以完全自由编辑为标志的，这就使人们的网络行为具有较大的自由度和灵活性，现实道德所依靠的公共监督的功能在网络社会中大大弱化。崇尚“慎独”，倡导道德自律就显得尤为重要。在网络行为中，做到“慎独”并非易事。所以，可以说“慎独”是一种网络行为自律的道德境界。大学生们在网络这一缺少社会和他人监督的虚拟空间中，需要自觉地强化自律精神和责任意识，坚守网络道德防线，按照网络规则和公约行事，履行一个网民应尽的社会责任。

综上所述，当代大学生的网络行为形象是可塑的，要通过自塑和他塑两种机制来提升大学生的自律品格，并充分发挥自律的律己和律他的双重功能。

第三节　大学生互联网心理健康素质的提升

一、大学生网络心理健康素质提升的基本内容

网络和心理健康教育的结合,使大学生心理健康教育内容发生了新变化。有研究者认为:在网络中,大学生心理健康教育内容的表现形式从平面化走向立体化,从静态变为动态,从现时空趋向超时空。大学生心理健康教育内容变得更加丰富和全面,并且具有更强的可观性和更多的选择性,教育内容中的文化和科技含量大为提高。传统心理健康教育的内容应该说也是十分丰富的,主要包括培养大学生的优良个性品质、树立正确的自我意识、建立和谐的人际关系、树立正确的婚恋观、提高与改善大学生自主学习的能力、提高预防心理疾病和调适心理困扰的能力。在网络环境下,心理健康教育的内容应在现实心理健康教育内容的基础上,整合现有资源,根据网络环境下大学生的心理特点进行创新。

我们认为,大学生网络心理健康素质提升应该包括以下基本内容。

(一)网络心理发展性内容的教育

1.网络心理健康意识自我教育

发挥大学生的主动性,积极引导学生进行网络自我教育,培养其正确的网络心理健康意识,并进行自我心理调适。

心理健康教育是一个自我组织的过程,是个体的自我构建、自我完善的过程,外力只是辅助力量。根本的动力来自个体内部,源于个体的自我教育、自我约束。外界的帮助辅导对于大学生的心理发展只能起到辅助的作用,关键还是要靠大学生自己。因此,高校要积极引导大学生自我认识、自我教育、自我督促、自我发展,促进网络心理健康教育的发展。通过自我教育中的正确认识自我、积极激励自我、主动调控自我等重要环节,进行相应的心理健康教育,从而达到心理与环境、心理与行为的协调统一,从

根本上促进大学生心理的健康发展,这样就可以在主、客观两方面,全面保证网络心理教育的有效运行。

当前大学生对网络的认识偏重于技术的掌握和运用,经常为网上所传递的丰富多彩的信息和自由交往的形式所吸引,但网络对自身素质的影响、网络对社会道德的冲击、网络对人类生活的改变等问题缺乏深刻的认识和思考。要想从根本上解决大学生的网络心理问题,加强大学生网络心理健康意识自我教育,引导大学生树立正确的网络观是前提。从入学新生教育开始,引导学生正确看待网络,客观评价网络,帮助大学生树立正确的上网动机,正确分析网络利弊,扬长避短。积极引导大学生提高政治上的观察力和网络信息鉴别力,学会有选择地借鉴、有鉴别地吸取,自觉抵制不良网络内容的诱惑。针对大学生逃避社会现实的情况,强化对大学的社会化教育,教育大学生认清虚拟社会与现实社会的关系。大力普及网络知识,提高他们对网络的科学认识,使他们认清网络对心理健康存在着一定的危害性,自觉树立网络心理健康观念。

绝大多数心理健康的学生,在面对网络社会变化的事件时也会产生心理冲突和问题,也需要指导他们学会自我调节。网络心理健康教育要积极引导大学生进行自我教育,不断增强自我认知的能力和心理健康的自觉意识,并学会自我心理调适的方法,以适应外部社会激烈的竞争,坦然面对生活中出现的各种困难和挫折。对于大学生中的适应不良者,针对他们在网络虚拟空间所出现的认知障碍、情感障碍、意志个性障碍等心理不健康的表现,可以通过自我教育中的正确认识自我、积极激励自我、主动调控自我等重要环节相应地进行心理健康教育,提升心理调控能力。对于有严重心理疾病的大学生,在用药或接受外来帮助进行心理治疗的同时,也必须发挥自身主动调节的功能。任何对医生、心理咨询师、药物的依赖,都不利于心理问题的解决,外因只有通过内因才能发挥作用,要获得健康的心理关键要靠自己。可见,网络心理健康意识的自我教育是网络心理健康教育的最重要的内容。

2. 网络道德心理素质教育

在网络技术迅速发展、日益普及的今天,面对互联网上“黄、黑、毒”的泛滥和利用计算机与网络进行信息犯罪的猖獗,越来越多的人们呼吁要确立网络上的伦理道德,规范人们的网上行为,以维护网络秩序。网络道德教育必须尽快跟上,将其作为素质教育的重要课题。大学生由于社会阅历浅、分辨能力差,面对纷繁复杂的网络世界,无法对善恶美丑做出准确的判断。因此,必须加强青年大学生的网络道德教育,特别要注重培养他们的道德自主性。

自己管理自己,自己对自己的行为负责,自觉地做网络的主人,自觉遵守网络法规,要求我们不制造和传播非法信息、不使用令人不愉快的语言、维护他人知识产权、尊重他人隐私、避免伤害他人、杜绝恶意行为等。当发现网上不道德行为时，能自觉站出来扶正祛邪，维护网络的正常秩序。为此，网络道德心理素质教育的着眼点应当是帮助大学生学会判断和选择，提高大学生的道德辨析力、判断力、选择力，使他们在纷繁复杂信息面前，冷静处置所面临的各种道德问题，从而规范自己的网络行为，在网络社会中做有道德的人。

3. 网络人际交往心理教育

互联网打破了人类受制于社会阶级和地理区域的传统的人际互动模式，创造了全新的人际交往空间和人际关系模式。网络可以即时传送文字、声音、图像，为青年大学生的人际交往提供多媒体化、互动性的立体途径，留言板、E-mail、网上电子公告板（BBS）、网上聊天室（IRC）、虚拟社区等是网络交往的主要形式。网络为大学生提供了很好的交流途径，那就是上网聊天和网上交友。但部分大学生因过度迷恋网络，而不去参加现实社会的社交活动，疏远了现实社会的人际关系，有的甚至还患上了“网络孤独症”。因此，加强大学生网络人际交往的心理教育，帮助他们树立起正确的人际交往观念，对促进大学生自身的健康成长与发展十分重要。

目前，许多大学生把网络作为扩大交际圈、寻求友谊或浪漫爱情、发泄情绪、填补空虚、寻找刺激、打发无聊时间的手段。现实中的许多不良情绪情感通过上网来调节。然而，发泄作为暂时的调节手段，只能解决一时的问题，却有可能带来恶性循环的结果。有人认为，发泄掉攻击的冲动便会减少日后发生攻击行为的压力。这种观点听起来颇有一番吸引人的道理。然而不幸的是，心理学研究表明，大多数情况下，事物的发展并不总是按照我们设想的那样。实际上，攻击性的行为总是在增加人们进攻的倾向，而不是减少。发泄完之后愤怒的压强并没有降低，反而提高了。

因此，在大学生网络心理健康的内容中有必要对大学生进行人际交往心理教育，提倡健康心理状态上网，并对他们进行网络人际交往的技巧和艺术的教育。掌握了一定的网上交往技巧和艺术，并能够用正常的、健康的心理状态进行人际交往，才能在网上建立良好的人际关系，而良好的人际关系不仅是大学生在网上健康快乐生活的保障，也是他们在现实生活中健康快乐生活的保障。

4. 网恋心理教育

当前，许多大学生在没有形成正确的恋爱观念前就开始了恋爱实践。而网络的出现所引发的网恋现象使高校的恋爱教育问题更加复杂和多样。如果说以前的大学生恋爱问题主要局限于大学生之间，局限在校园范围内，那么随着网恋现象的日益增多，现今他们的恋爱已经通过互联网走出了校园，走向社会甚至走向世界，并与成人的情感问题越来越多地交织在一起。对于心理还不够成熟的大学生来说，如何应对网恋产生的情感问题，是一个非常需要引导和教育的问题。

首先，要了解大学生网恋的心理状态和可能出现的问题。在网恋出现以前，高校校园里的经典意义上的“恋爱”比例并不高，所谓“假性恋爱”像商场里的假冒商品一样琳琅满目。为了赶时髦、为了摆脱孤独、为了炫耀、为了解决学习或生活困难，因为好奇和简单的生理冲动，都可以促使缺乏支柱的当事人“谈恋爱”。网络加剧了大学生的“假性恋爱”。在虚拟世界里，恋爱对象是由对方传输的文字信息加上自己的想象构造出来的，而不是建立在真诚的自然的相互吸引基础上的。在虚拟世界中，爱情是如此美好，明知没有结果，还要去爱；明知是虚幻的，还要去爱。网恋就是在这样盲目的快乐与痛苦中进行着。于是，网络爱情大多导致了“泡沫爱情”“见光死”的结果，如果在这期间投入了真实的感情，必然带来一定程度的伤害。

其次，要明确网恋心理教育的主要内容。一是要对大学生网民进行正确恋爱观的教育。应通过教育使大学生网民正确地认识网恋及其可能造成的负面影响，树立正确的恋爱观，并在现实中能够正确地处理恋爱与学习的关系。要通过各种形式和手段进行积极而又切实的引导。二是要加强性健康教育。部分大学生对色情网站的入迷，很大程度上与传统教育中对性健康教育的忽视和缺失有关。因此，要解放思想，通过有效方式举办性生理和心理健康教育，解除大学生对性的神秘感，减弱他们对性的强烈好奇心，使他们建立起对性的科学认识。三是应加强对大学生，尤其是女大学生的安全教育，培养她们的自我保护意识，避免造成身心伤害。

5. 网络学习心理指导与职业生涯规划

网络学习心理指导包括学习方法指导、学习动机的激发与培养、学习兴趣的培养、学习习惯的养成、学习疲劳的预防，以及现实学习与网络学习的联系与区别、网络学习的技巧等。

网络职业生涯规划教育包括介绍生涯规划的心理学理论与方法，开展网络职业生涯规划网络团体心理辅导和个别心理咨询等。

（二）网络心理障碍防治教育

1. 预防网络心理障碍的教育

随着网络的普及，网络心理障碍也相伴而生，这些患者往往没有任何理由，没完没了地花费大量的时间和精力在互联网上聊天、浏览网页、发布信息，甚至攻击谩骂，以至于影响正常的工作、学习，损害身体健康，出现各种异常行为。其典型表现是情绪低落，无愉快感或兴趣丧失，睡眠障碍、生物钟紊乱、食欲下降、体重减轻、精力不足、精神运动性迟滞和激越、自我评价降低和能力下降、思维迟钝、有自杀意念等。网络心理障碍有多种类型，如网络成瘾症、网络孤独症、网络迷恋症、网络收集狂、网络游戏狂、网络破坏狂、网络色情狂等。

根据马斯洛的需求理论，大学生网瘾的形成是由现实中不成功的事件在网络中得到感官上的成功，现实的陌生感、无成就感、挫败感都能够在虚拟的网络交际和游戏中得到解决和满足。因此，为了解决学生的网络心理问题，既要教育大学生以正确的动机和行为上网，也要从缺失需要和成长需要得到满足的角度，为大学生建设良好的外部生活环境，让他们把在虚拟世界获得的缺失性需要和成长性需要的满足转移到现实社会中来。

要加强"选择教育"，即价值选择和网络价值选择，即通过价值引导，教会大学生自由、自主地进行合情合理的价值判断并选择。通过教育，帮助大学生适时地走进网络和走出网络。一方面我们应该教会大学生选择做网络的主人，充分利用网络为人的发展提供的有利条件，最大限度地发挥其对人发展的价值；另一方面又要适时走出网络，使大学生认识到网络毕竟不是我们生活的全部，沉迷于网络，走不出网络，就必然会自我迷失，甚至患上网络心理障碍。

2. 预防网络犯罪的心理教育

网络犯罪源于犯罪主体法治观念的淡薄。不少人在网上作案时，并无明确的作案动机，在他们的观念里，他们的所作所为，仅仅是一种高级的智力游戏。网络犯罪是一种新兴的高技术、高技能犯罪，现有的法律法规并不完全适应，致使犯罪分子因无法可依而逍遥法外，为所欲为。网络社会迫切需要制定严格的与互联网发展相适应的法律法规。

对青年大学生进行网络法治教育，帮助他们树立网络法治观念，使遵守网络法律法规，是新时期高校学生心理健康教育工作的新内容。大学生在网络空间活动，应尊重他人的权利和人格，自觉履行自己的义务和责任。

3. 网络危机干预和反应机制的建立

大学生网络心理障碍要得到及时防治，必须建立网络心理危机干预和反应机制。应宣传网络心理健康教育与咨询，消除大学生前来进行网络心理咨询的疑虑。学校应在网站上介绍心理问题或紧急事件处理（或危机干预）的有关条例、心理咨询的有关规章制度，让指导教师明确处理紧急事务的规范流程和心理辅导的原则及要求。

同时要推进心理健康教育高校反应机制的网络化进程。高校反应机制的建立是网络心理健康教育得以完善的标志。心理健康教育高校反应机制的网络化进程包括高校心理健康预警机制网络化,即设立专门机构,进行专项大学生心理问题调研分析,形成年度心理问题研究报告,对心理健康总体情况及高危社会心理问题发作趋势做第一时间发布,通告并责成心理健康研究机构提出对策。高校心理健康联动机制网络化,即各专业部门实现立体互动的网络化联结,把握心理疾病的诊治规律,根据心理问题的程度,施行接待—咨询—治疗的整体策略,最大限度地避免诊治环节的中间滞留,提高高校心理健康服务的效率。高校心理健康反馈机制网络化,即对教育开展状况进行科学评估,对科研成果进行时效分析,对心理咨询和诊治状况进行跟踪调查,这些结果形成的反馈将成为总体把握大学生心理健康教育、研究和服务的直接依据。

总之,心理健康教育的传统内容已不能满足网络环境下心理教育的需要。因此,在网络环境下,高校应该不断充实心理健康教育的内容,以满足大学生的需求。大学生特殊群体的网络心理健康教育,大学生网络社会支持体系的完善,包括学校、家庭、团体的支持,思想交流、心理支持、生活互助,以及物质方面与精神方面的支持等,都是大学生网络心理健康教育应该包括的内容。同时,有学者提出的建立"教师—学生—家庭(家长)"有机结合与开放模式的大学生网络心理健康教育体系也值得借鉴。该体系包括三大系统:教师心理健康教育系统;学生心理健康教育系统;家庭心理健康教育系统。三大系统相互独立又相互联系,构成了一个有机的整体(图 5-1)。

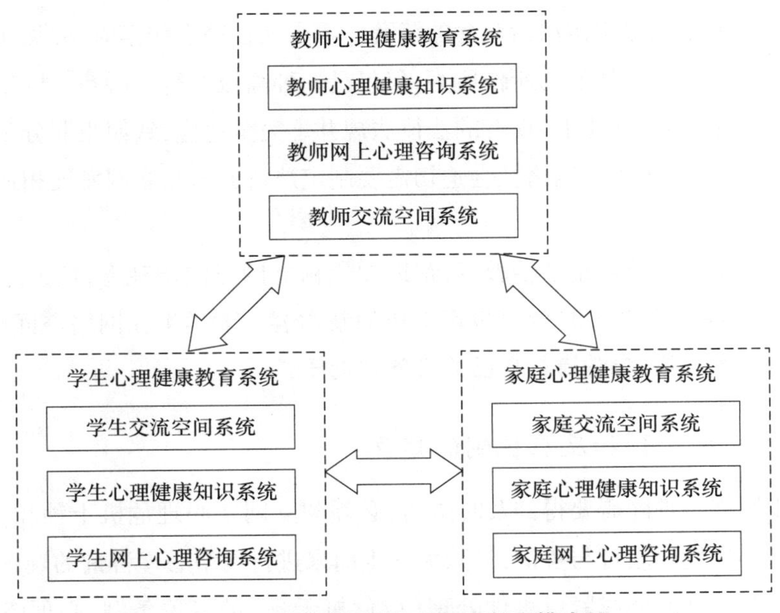

图 5-1　大学生网络心理健康教育模式图

二、大学生网络心理健康素质提升的重要途径

关于大学生网络心理健康素质提升实施途径的探讨主要围绕如何开展网络心理教育活动。在网络中,大学生心理健康教育的方法能够得到创新。牟艳鹃认为:在大学生网络心理健康教育中,应该而且可以借助计算机、多媒体等新技术、新手段,向网民提供信息,引导他们进行正确的信息选择。同时借助网络将传统的大学生心理健康教育方法现代化,为之插上现代科技的"翅膀"。网上心理教育活动是一种自助性、隐秘性活动。学界目前提出的大学生网络心理健康教育的途径主要包括:①网络心理健康调查。它具有高速、高效、低成本的优点,可以分为心理健康状况调查、专题调查、特定人群调查、个别调查等几种形式;②建立网络心理测验系统;③建立网络心理健康档案;④开展网络心理咨询,包括利用在线、BBS、E-mail、聊天室等进行心理咨询;⑤开辟网络心理知识学习园地,其中可以设计的内容包括心理书屋和心理百科、心理调适方法和技巧介绍、优秀心理影片介绍、心理健康知识讲座、心理服务等。就我国现有的心理教育网站所呈现的内容来看,包括自我心理保健和调节的知识和意识培养、专题讲座和讨论、社团活动和朋辈辅导,主要提供心理知识的阅览、浅显的心理测试、心理问题的案例分析、电子邮件的收发、在线交流等。其中,许多项目都属于自助活动,如有关心理知识信息需要当事人根据自己的需要,进行自主搜寻;许多心理测试也是依靠自助,测试的有关程序都能通过自助了解到;有些网站还提供自我调节的项目,如"虚拟宣泄室",利用类似游戏的方式,供当事人宣泄心中的不快,缓解心理压力。

我们认为,大学生网络心理健康素质提升可通过以下重要途径。

(一)设置心理健康教育网页版块

通过文本、图形、声音、动画、视频等多种呈现方式与网络的有机结合,将各种有关心理健康教育的内容以动态、鲜活的形式展现给学生,制作成心理健康教育专门网页、网站。学生可根据自己的需要和兴趣,在网站上选择不同的栏目进行学习或参与讨论。

1. 网上心理健康知识教育宣传版块

一是建立针对本院校大学生身心特点的心理健康教育知识数据库和电子公告系统;二是建设心理学相关网络课程;三是定期举办网上心理健康知识专题讲座,开展网上心理健康教育活动;四是制作发行心理健康知识电子杂志,这也是大学生网络心理

健康教育的常用方式。

通过文本、图形、声音、动画、视频等多种媒体形式的有机结合，向大学生介绍心理健康的基本知识，传授心理调适方法，它主要包括上一节阐述的内容：第一，学习心理指导。如学习方法指导、学习动机的激发与培养、学习兴趣的培养、学习习惯的养成、学习疲劳的预防等。第二，人际关系指导。如优化人际关系的策略、调适人际关系的策略等。第三，毕业心理指导。有针对性地引导大学生正确对待个人愿望与国家人才建设需要不一致所导致的心理挫折，增强自我调控能力，调整择业期望，以积极主动的良好心态选择工作岗位。第四，人格辅导。进行抗挫折能力的培养、情感教育以及性格教育等。第五，开展网络心理服务。宣传正确的上网心态和进行网络行为引导，促使大学生正确认识网络世界，树立和培养正确的网络观和网络道德，训练良好的思维方式，提高识别信息、认识问题的能力，减少网络对大学生心理的负面效应等。

2. 网络心理健康调查和心理测验版块

通过开设专题讨论区、开展电子投票等方式，对大学生进行心理调查。心理调查可以积累心理资料，科学地确定大学生心理问题的特点及其类型，对研究大学生心理发展规律以及开展心理健康教育工作提供科学的依据。通过网络对大学生进行心理调查，了解其基本心理特征、需要，能有效、及时地发现大学生的心理问题及其心理问题的特点，并能对严重心理问题进行筛查和预警，从而提高心理教育工作的针对性和有效性。

网上心理测验的主要目的是帮助大学生了解自己的心理状态。将标准化的心理测试或心理量表（问卷）以动态网页的形式呈现，或者在心理健康教育网页中嵌入形式新颖、专门的心理测量统计软件，建立网络心理测验系统。心理测验主要应使用标准化心理量表，选择其中适合的部分由大学生直接在网上自行测验，并根据一定的标准及时得出测验结果。既可以建立学生网络心理档案，又可以利用测评中获取的数据快速地进行分析和统计，把握学生心理的变化轨迹。

3. 在线心理交流与讨论版块

设置心理健康专题论坛。高校大学生年龄相仿、生活经历基本相同，使他们面对着基本相同的人生问题，因此在他们心理发展中产生的问题也大体相同。对大学生中存在共性的、普遍性的问题，通过网络化交流、探讨，以达到共同解决。可以围绕心理问题开展专题交流、讨论活动。针对大学生群体中常见或可能出现的倾向性心理问题、可能面对的心理困惑以及应该采取的应对措施，结合相关的具体案例，吸引大学生参与进来，进行共同讨论；倡导大学生关注心理健康教育，形成使个性与人格得到健全发展的良好氛围。

观看在线视频也是大学生心灵交流和讨论的重要途径。适时播放在线心理活动视频和心理电影，使学生在观看视频内容的同时，通过生动感人的画面或逼真的故事情节产生情感上的感染和共鸣，探索生活中出现的相似困惑，获得关于人生观、价值观的启迪，澄清模糊认识，宣传心理健康知识，预防心理疾病。同时提供电影内容介绍，阐述电影中隐含的心理启示和人生哲理；设置发表观后感的讨论区，促使学生们进一步升华相关感悟。

（二）建立健全大学生网络心理健康档案

建立健全大学生网络心理档案，把握学生心理变化轨迹，建立动态监控体系，是高校有效开展网上心理健康教育的重要依据。

1. 建立健全大学生网络心理健康档案的要求

大学生网络心理健康档案主要是记录大学生心理健康状况和个性特征，反映大学生现有的心理面貌，因此在内容设计上应包括如下几个方面：第一，一般情况。具体包括姓名、性别、出生年月、民族、政治面貌、身体健康状况、兴趣爱好、特长等。第二，家庭情况。具体包括家庭成员结构、父母职业、文化程度、健康状况等，旨在了解家庭对学生心理发展的影响。第三，早期教育情况。主要了解早期教育对学生心理发展的影响，如家庭主要教育者是谁、家庭主要教养方式是什么等。第四，既往病史。主要了解学生生理状况对心理的影响。包括本人是否患过某种重大疾病和家族成员是否有精神病史等。第五，各种心理测验及测验结果。旨在全面了解学生心理健康状况及个性心理特征。第六，大学生心理健康状况综合评定。即对整个心理面貌给予综合评定。

学校在建立大学生网络心理健康档案时，应由网络心理工作室指定的专门人员来做这项工作，心理辅导教师不能随意增减或更改心理健康档案中的材料和记录，应客观真实地反映和记录学生个性心理特点和心理健康状况。同时，学生网络心理健康档案还具有一定的隐私性，教师必须严守保密制度，不得将学生的心理档案材料随意外借或泄密，学生个人心理档案材料只能由本人通过密码查阅，以保证学生个人的隐私和利益不受侵害。

2. 建立健全大学生网络心理健康档案的作用

建立健全大学生网络心理健康档案是高校规范心理健康教育，加强大学生心理危机预防与干预,对大学生进行有效的系统化行为管理的最基本方法。通过大学生网络心理健康档案的建立,从整体上把握大学生的心理素质状况,及时发现一些有倾向性的问题苗头,为学校制订切实可行的心理健康教育计划奠定基础。同时,通过网上心理档案,便于学校心理咨询机构与学生工作部门之间建立快速高效的心理信息沟通与反馈机制,对"问题学生"的心理行为进行科学管理。心理档案记录不同时期学生各项心理测试数据及其评价,可以说它是学生心理健康发展的历史记载。心理档案还可使学生全面地、正确地认识自我个性优劣,预防心理疾病,完善自我个性。

(三)开展网络心理咨询

网络心理咨询主要是针对希望求得帮助的大学生,这些希望求得帮助的大学生既可以是在身心诸方面出现不适应的大学生,也可以是没有心理问题专为寻求发展性指导的大学生。对前者,网络心理咨询可以提供心理援助,以缓解咨询对象的心理紧张和冲突;对后者则可以给其提供专业的、有效的指导。网上心理咨询与其他形式的咨询方式相比,具有保密性、超距离性和方便快捷性等优势。网络心理咨询主要是通过电子邮件、在线聊天室和音视频等网络通信工具,给学生提供具有心理咨询与治疗性质的各种心理服务。目前通过网络开展心理咨询的方式主要有四种。

1. 电子邮件咨询

学校可公开校内心理咨询工作者的电子邮箱,学生将自己遇到的问题、心理困惑通过电子邮件的形式告知心理咨询老师,以寻求解答与帮助。心理咨询老师在收到邮件后以负责的态度及时为学生提供帮助。这样,就使有问题需要解决的学生能及时通过邮件与心理咨询老师取得联系沟通,进而逐步掌握正确的体验生活的方法,使个体逐步形成完善的自我概念和对外部世界的适应能力。对那些较为拘谨、内向、不善表达或不愿意暴露身份的学生,或者对性取向、性伦理、爱情婚姻等一些敏感性问题来说,电子邮件咨询方式具有突出的优点。

2. 网络论坛、留言板

学生将自己的问题或心理困惑发布在论坛、留言板上,心理辅导人员以跟帖的形式从心理学角度为学生提供帮助,这可以使更多具有相同问题的学生受益。如今校园网络中的 BBS 已成为大学生聚集的重要网络空间。在 BBS 上,可邀请具有一定知名度的心理学专家来帮助大学生解决心理问题。利用 BBS 传播方式的匿名性特点,用权威的正确的声音去引导大学生。如引导者以一般网民的身份采取匿名的方式,参加某一话题的讨论，在讨论过程中以健康的心态、清晰的舆论观点对大学生进行积极引导，帮助大学生改变消极错误的思维方式，促进大学生养成和谐健全的人格。这种咨询方式，学生参与面广，内容丰富，交流方便、快捷，但其保密性小于电子邮件咨询。

3. 网上聊天咨询

网上聊天是网上即时信息交流的一种方式，同泛泛的“网虫”聊天不同的是，服务于心理教育的网上聊天带有明确的指向，一般说来，它是基于事先约定、围绕某些具体问题的有目的的聊天。学生利用网络通信技术提供的方便、快捷的在线聊天环境，通过聊天室或聊天软件（心理热线 QQ、ICQ、MSN）等，与网络心理辅导人员进行虚拟的面对面交流。心理辅导者可以及时解答学生的心理困惑。目前网上聊天的方式主要有两种：文字形式的聊天与语音聊天。文字聊天的方式类似于传统心理咨询中的书信咨询，语音聊天类似于电话咨询，后者对一些心理危机的干预具有良好的效果，但前者的保密性更好。

4. 网络会议咨询

网络会议又可称作网络电话会议，主要是运用自动摄像技术及设备对学生的语音、语调、面部表情及体态上的变化进行观察，从而收集到非常生动真实的原始信息。实际上，网络电话会议与现实中的门诊咨询区别甚微，所不同的是，它比门诊咨询更加方便，它打破了空间上的阻隔，即便是远在千里，也可以达到近在咫尺的心理咨询效果。这种形式的网络心理咨询凸显了信息的交流互动，是网络心理教育发展的重要方式。但由于需要较先进的技术设备和昂贵的费用，一般学校较少采用这种方式开展心理咨询。

实践证明，网络打破了人们在信息交流方面的时空障碍，带来了全新的咨访关系互动模式。正因如此，许多大学生带着社交恐惧、考试焦虑、悲观多虑、交往障碍等心理问题来到网上，在这里给自己倾斜的精神天平寻找到一个有力的平衡支点，然后轻轻松松地投入到现实生活中。因此，网络心理咨询不仅是心理健康教育、优化心理素质的重要途径，也是现实条件下帮助大学生解决心理问题的一条不可或缺的通道。

（四）开展网络心理教育活动

1. 开设网络心理课堂

开设心理健康教育课是学校开展心理健康教育的重要渠道之一，现实的心理健康课的确为学生搭建了一个活动体验的平台,但课堂时间的限制未能使所有学生充分参与,信息的交流仅限于一个班级或一个组,存在明显的局限性。为了避免这些弊端,发挥网络独特的优势,建议开设网络心理课堂,让广大学生参与进来,给学生一个最安全的心理空间,让每个学生能真实地表达自己的感受。条件允许的情况下,可采用交互式多媒体教学信息系统,通过互联网,教师和学生可以随时获取某一地区、全国乃至全世界各地同类课程的教学资源库,远隔千里的师生或同学可以进行协作学习,学生甚至可以与知名心理学者、心理学专家进行交流。因此,这是一种非常好的心理健康教育教学模式。

2. 建立班级博客,网上召开心理健康主题班会

利用网络资源,改变传统主题班会老套的活动内容和形式,尝试召开网络心理主题班会。以论坛为载体,在网上开展"心理主题班会"讨论,主持人及时将班会的题目、活动的过程公布在论坛上,通过学生们的参与、交流,共同探讨问题,学习心理知识。网络主题班会使学生由受教育者转变为参与者,激发了学生的参与热情。另外,网络主题班会涵盖的内容信息量大,可以邀请学生家长和任课教师参与在线大讨论,有利于师生关系、亲子关系的改善。家长的心理健康水平是影响学生心理健康状况的重要因素。学校心理健康教育是一项系统工程,因此学校应该重视家校合作。还可为家长提供心理健康知识指导(如学生心理发展特点、亲子沟通技巧等),提高家长的心理健康水平。

3. 构建网络心理互助平台,开展朋辈心理辅导

"助人自助"是心理咨询的目标。以网络为载体,搭建网络心理自助平台,引导具有同类问题行为者一起交流和体验,实现每个人"在助人中自助,在互助中成长"的目标。如黄玉莉利用网络论坛,设立不同主题的公共讨论区,将教师与学生、家长有机地联系在一起,大家通过对某一个学生求助的心理问题进行探讨,共同寻求解决方法,既可以使学生求助者获得支持和帮助,同时也能促使大家去思考问题的解决方式。

4. 探索新型网络心理咨询模式 QQ 群的应用

充分利用 QQ 群的聊天功能,探索新型网络心理咨询模式。首先,可通过主题 QQ 群定期开展有针对性的心理健康常识宣传。其次,学校心理教师可建立校与校之间的 QQ 联盟,便于心理教师同行之间的经验交流。最后,还可以尝试利用 QQ 多人聊天功

能来完成职业指导等内容的团体咨询。这种QQ群网络咨询模式可解决某些学校不具备团体咨询场地、团体咨询成员在校时间不同步等问题。

5. 利用手机短信开展心理健康教育

据调查，当代中国大学生的信息接受来源第一是网络，第二是手机短信。由于短信通讯是比较经济的一种交流方式，加之手机随身携带、使用方便快捷、沟通即时性及反馈时机灵活等特点，因此已经形成了“拇指文化”。高校大学生中绝大多数都拥有手机，为此应针对这一实际，积极开展思想政治教育信息短消息发布服务。通过短信的群发，将涉及心理健康教育内容的重要信息适时传递给大学生，为大学生向院校思想政治工作者倾诉思想和学习、生活上的困难提供新的途径。还可以建设短信心理咨询平台，大学生在遇到心理问题或心理困惑时可通过短信的形式接受心理咨询辅导。

6. 开发心理健康教育软件

利用网络技术，针对学生中最普遍的心理问题，根据大学生需求，大力开发集科学性、教育性和趣味性于一体的心理健康教育软件。目前，很多学者已开发一系列心理素质教育软件，如注意力训练软件、记忆力训练软件及学习兴趣、意志、习惯训练软件等，这些软件在改善学生学习状况、亲子关系和缓解考试焦虑等方面取得了一些成果。

三、大学生网络心理健康素质提升的主要方法

我国大学生网络心理健康素质提升，要对现实心理健康教育的方法进行沿用和整合，探索适应网络时代特征的新方法。所以，一方面我们要充分发挥中国传统文化在大学生网络心理健康素质提升中的作用，另一方面，要借鉴和整合西方心理学中的方法在大学生网络心理健康素质提升中的运用，并积极探索大学生网络心理健康素质提升的新方法。

（一）我国的心理学方法

1. 中国传统文化的心理学方法

文化学认为，文化世界由人类所创造，同时也在不断地创造着人类，创造着不同国家、民族、地区人们的性格、心理、行为方式、思维方式以及种种价值观念。一般而言，

中国人都会不同程度地自发地受到传统文化的影响。当他们还年轻的时候，当他们寻求学校教育和工作机会，寻求社会地位、实现理想，持有入世的、创造性的、为社会作贡献的价值取向时，会接受儒家文化。然而，当他们遭遇挫折，需要减少和摆脱精神上的痛苦以及寻求帮助时，会倾向于接受道家的思想，或成为佛教或其他宗教的追随者。在大学生网络心理健康教育中，以下两种方法效果很好。

一是儒家重社会教化、自我修养的身心修养模式。儒家思想是中国传统主流思想，以“仁”“义”“礼”为核心，蕴含中国传统文化之精义，深切表达了中国人的价值追求和生存模式。儒家文化基于宇宙观和认识论，精心构建了社会教化和自我修养相结合的身心修养模式。儒家思想力主入世，试图实现以积极进取的超凡脱俗的态度达到身心愉悦并益寿延年。儒家的大家孔子、孟子和荀子提出了许多有关教化和自我修养的宝贵思想，诸如“欲修其身者，先正其心”等理论。概括起来，社会教化和自我修养相结合的身心修养模式的运作程序为：博学→立志→寡欲→自省→改过→力行→乐道安仁。通过“教化”，用“礼”和“仁”规范人的行为，抑制人的各种贪婪欲望、偏激情绪、不良习性，最后进入“仁”的最高境界，使人的精神境界超然自得、心理状态恬静和谐、生活态度乐观向上，从而达到养德以养身的目的。在“博学→立志→寡欲→自省→改过→力行→乐道安仁”这个身心修养过程中，“博学”属于心理认知方面的要求，只有“博学”才能实现基本正确地认识世界和认识自我；“立志”“寡欲”“自省”属于情绪情感和意志方面的要求，“立志”人生才有目标，“寡欲”并常常“自省”，才能保持谦虚和奋斗的精神；“改过”“力行”属于行为方面的要求，知易行难，但知行必须一致，必须知错就改，身体力行。儒家的身心修养方法非常重视知情意行的统一，这样才能保持良好的心态，最后达到“乐道安仁”的最高境界。儒家的身心修养方法还强调必须遵循“中庸”的原则。中庸之道既贯穿于儒家的宇宙观和认知系统，也是其身心道德修养的准则。儒家“教化”的修养方法不是注重顺其自然的个体直观体悟，而是注重外力施加教育，使其通过立志、学习一系列过程达到个体领悟的目的，自我加强修养。在心理学实践意义上，这种方法比较适合针对那些丧志者、颓废者、堕落者的精神疾病和心理障碍患者进行认知治疗。而且对于健康人，例如青年人的心理保健也起着一定的积极作用。

二是道家认知疗法。“中国道家认知疗法”是中华医学会精神科学会副主任委员、原湖南医科大学精神卫生研究所杨德森教授领导的中国自然科学基金课题组经多年研究创立的一种具有中国特色的心理治疗方法。它以道家处世养生的四条原则（即“32 字原则”）重建价值观和思维方式，运用五个治疗程序（即“A、B、C、D、E 程序”），对 A 型性格精神应激与相关疾病的患者进行认知治疗，具有对症下药的良好效果。这种心理治疗方法并非是对道家学说的全盘继承，而是对道家学说创立学派老庄哲学身心修养模式的继承、扬弃和发展。它是运用中国独特的文化思想，借鉴和吸收西方心理治疗成功的科学经验，创造适合中国社会和中国人的心理治疗方法的极好尝试，对促进心理治疗本土化、提高对东方人的疗效有着不容忽视的现实意义。道家“顺其自然，淡泊名利”的心理保健方法的运作程序，即顺其自然→绝学弃智→少私寡欲→虚静无为→忘我→无己→返朴归真。最后便达到《庄子·秋水》中所指的“无天怨，无人非，无物累”的境界，获得人性的复归，并达到修身养性的目的。在“顺其自然→绝学弃智→少私寡欲→虚静无为→忘我无己→返朴归真”的身心修养过程中，“道法自然”“顺其自然”是道家的认知原则与方法，强调一切必须遵循客观规律；“绝学弃智”属于认知心理方面的要求，他们认为只有这样才能做到“顺其自然”；“少私寡欲”“虚静”“忘我”“无己”则是情绪情感和意志方面的要求，为了遵循客观规律，必须有“少私寡欲”的“虚静”情怀和“忘我”“无己”的精神境界；“无为”是行为要求，只有“无为”才不会违反客观规律，才能真正做到“养气存神”“返朴归真”，达到身心完全超脱现实的境地和无比的和谐愉悦。

2. 中国现代心理咨询方法——认知领悟疗法

“认知领悟疗法”是通过解释分析，使求治者改变认识，得到领悟，从而使症状得以减轻或消失，达到治病目的的一种心理治疗方法。该方法由中国大陆心理治疗专家钟友彬先生于20世纪70年代末首创。钟友彬先生所著的《中国心理分析》中有介绍认知领悟疗法。认知领悟疗法是钟友彬先生在学习、研究、试用弗洛伊德精神分析疗法的基础上提出的。钟友彬先生将心理动力学疗法的原理与中国实际情况及人们的生活习惯相结合而设计了认知领悟疗法。心理动力学疗法源于心理分析，因此认知领悟疗法又称“中国式心理分析”。

钟友彬先生认为，中国人至少有以下两方面的生活习惯与心理动力学的原理相近：一是相信幼年经历或遭遇对人的个性及日后心理健康有重大影响；二是他们认为，可以从成年人的观念、作风和行为中看出他幼年时期受到的影响。综合上述情况，钟友彬先生提出了认知领悟疗法的心理病理学说，认为：病症的根源在于儿童时期受过的精神创伤，这些创伤引起的恐惧在脑内留下痕迹，并在成年期遇到挫折后再现出来影响人的心理，以致患者必须用儿童的态度去对待本来不值得恐惧的事物。由于这些症状都是幼年时经历的恐惧在成人身上的再现，所以，症状的表现必须带有幼稚性，具有不成熟的儿童式的心理表现。

认知领悟疗法的治疗原理，是把无意识的心理活动变成有意识的，使求治者真正认识到症状的意义，通过领悟，达到消除症状的目的。求治者在接受治疗前，对他们病态行为的幼稚性和幼年心理行为模式概不自知，通过心理医生的解释、分析、互相讨论，并联系自己深入思考后，才真正认识到病态行为的幼稚性，领悟到它是儿童时期留下的痕迹，是成年人不应再保持的幼年心理行为模式。最后随情感和行为的改变，症状也就自然消失。

认知领悟疗法的适应症是强迫症、恐惧症和某些性变态，如露阴癖、窥阴癖、挨擦癖和异装癖等。

（二）西方主要心理学方法

1. 人本主义的当事人中心疗法

当事人中心疗法是罗杰斯在其人本主义心理学理论指导下创立的。当事人中心疗法主要有两种形式：一是个别谈话治疗，一般用于有心理冲突或心理疾病的患者；二是通过“交朋友”小组进行小团体治疗，主要解决交往障碍和社会生活中存在的心理问题。

2. 认知治疗与认知行为疗法

认知心理学认为人的心理行为受人的认知所支配，某些个人心理问题主要是在错误前提下对现实曲解的结果。咨询、治疗的关键就在于改变来访者原来的认知结构，解除歪曲的想法而代之以更现实的思维方式，纠正不合理的信念而代之以合理的信念，从而改变行为。作为一种心理治疗方法，它不同于一般的教育、批评、促膝谈心，而是有其特殊的方法、技术和程序。首先，咨询师应与来访者一起找到靶症状，即要消灭的不良症状；其次，分析导致靶症状的认知，这种认知既然是引起症状的原因，那么它就是不恰当的或错误的；然后，帮助来访者重建认知，通过说理、解释等方法，督促来访者去练习更换原有的看法与态度，重建功能性的、健康的看法与态度，以便借这些新的认知来产生健康的心理与适应性的行为。当然，运用认知疗法重建新的认知结构，主要是达到改变思维方式的目的，很难实现价值观、世界观、人生观的改变。

理性情绪疗法（简称 RET 法）是 20 世纪 50 年代在美国兴起的一种心理治疗理论和方法。创始人是心理治疗家艾利斯。该疗法是认知心理治疗中的一种，它同时也采用行为治疗的一些方法，因此也被称为认知行为疗法。它的应用范围在世界各国正在不断扩大，已成为心理治疗中的一个重要派别。理性情绪疗法的基本认识是：情绪障碍是由不合理的信念所造成的。因而治疗的过程就是帮助来访者用合理的思维方式替代不合理的思维方式,以理性的信念替代非理性的信念。通过信念的改变来消除情绪障碍。治疗的具体步骤如下:①通过与来访者交谈,理清引起情绪困扰的不合理信念的具体内容,找准症结,对症"下药"。②明确告诉来访者他的哪些信念是不合理的,指出这些不合理信念与情绪困扰之间的关系,使来访者认识到目前的消极心理状态的根源就是自己的不合理信念,而不是早期经验的影响。③运用与不合理信念进行辩论的方法,与来访者进行辩论,通过辩论使来访者认清自己原有信念的不合理之处,待认知发生变化之后,来访者才会甘愿放弃原有的不合理信念。④从来访者现有的不合理信念入手,帮助来访者学会以合理的思维方式取代过去那些不合理的思维方式,用理性观念替代非理性观念。⑤布置认知家庭作业,以巩固疗效。理性情绪疗法采用的方法较为多样化。在它的治疗方法中,既有认知情绪治疗,同时也吸收了行为学派的一些技巧。常用的方法与技术是与不合理信念的辩论,其次是认知家庭作业及为了督促完成家庭作业而提出的自我管理方法,合理的情绪想象技术也是常用的方法之一。此外,还有一些其他辅助治疗方法,如角色扮演、自表训练、决断训练、社会技能训练、放松训练等。

(三)思想政治教育中有关的心理调适与修养方法

1. 疏导方法

疏导教育法就是指对人们的思想认识问题广开言路,集思广益,同时要善于引导,帮助人们提高思想认识的方法。疏,就是疏通,放手让各种意见和观点充分表达出来,经过观察和研究,做出引导的决策。这实际上就是心理学中的宣泄。导,就是引导,是在疏通的基础上旗帜鲜明地对正确的意见和思想观点表示肯定和支持,促进其进一步发展;同时,对于错误的意见和思想观点,通过民主讨论、说服教育、批评与自我批评的方法,以理服人,化消极因素为积极因素。这实际上就是心理学中的领悟。疏通与引导的关系是密切联系、不可分割的关系。可以说,疏通是解决问题的前提,是引导的必要准备;引导是疏通的必然继续,是疏通的目的所在。没有疏通,就难以进行正确的引导;没有引导,疏通就失去存在的价值。没有疏通的引导注定是隔靴搔痒,而没有引导的疏通则必然是就事论事、无济于事。只有把二者有机地结合起来,才能充分发挥其积极作用。

疏导教育的主要方法有分导、利导、引导。这三种疏导方法都可用于心理调适与心理保健。运用疏导教育的方法进行心理调适和心理保健应注意引导受教育者采用合理宣泄手段排除不良情绪,以减轻心理压力。合理的宣泄可以帮助受教育者排除不良情绪，改变郁闷心态，减轻心理压力，增进心理健康，养成健康的心态。因此，要注意引导受教育者采用合理的宣泄手段，把受挫的原因、压抑的痛苦或愤怒的心情向组织、亲友或自己信得过的人倾诉出来，从而减轻心理负担，恢复心理健康。

2. 思想修养方法

思想修养方法主要通过自我教育进行。自我教育就是通过反省、反思、自我思想改造等自我修养途径，提高思想道德水平、理性思考水平；通过自我约束、自我控制和自我管理途径，增强自身把握正确方向的能力的一种思想政治教育方法。自我教育法有个体自我教育和群体自我教育之分，在实践中大多表现为个体自我教育方式。个体自我教育中的自我修养法特别适合进行心理调适与心理保健。

自我修养是指人们在政治、思想、道德以及知识等方面进行自我教育和自我磨炼，由此提高自身思想水平和认知能力的教育方法。自我修养法通常表现为以下几种方式：第一，自我反省。个人针对自己的思想和言行进行检查对照，找出差距和不足并提出改进办法。第二，自我反思。反思一般是指精神的自我活动和内心的反省，是人们以自身心灵活动为客体而进行研究和反观自照。反思所涉及的面比反省更广，反省只是人们对自身言行的反思，而反思则更多倾向于追根溯源，找到思想和言行形成的来龙去脉，对于人们的思想水平和认识能力的要求更高。反思法必须结合一定的自我认识水平来进行，否则达不到任何效果。第三，自我改造。自我改造是主体在社会实践的基础上，发挥主观能动性，自觉主动地进行自我剖析、自我批评，达到改造自我原有的错误和落后认识，提高思想认识水平的目的的教育方法。

运用思想修养方法进行心理调适与心理保健，特别要注意应在准确了解自己的基础上进行自我改造，从而达到自我完善。要做到正确认识自我，有以下几种方法：一是与他人比较认识和评价自己；二是从他人对自己的态度中认识和评价自己；三是通过反省自己的心理活动和行为来认识、评价自己；四是积极参加实践活动，借活动成果认识和评价自己；五是综合分析评价，即通过对各种途径获得的关于自己的信息进行分析、综合与比较，实事求是地全面评价自己。认识自我是为了更好地进行自我修养，塑造自我、超越自我。超越自我就是超越现实自我而成为理想自我的过程。自我是在超越自我的过程中不断发展完善的。因此，我们不应满足于现在的“我”，而应充分认识到自己所处的时代，感受到肩负的历史重任，尽全力地发挥自己的才华，发掘自己的潜能，使自我得以发展。

思想与心理有着十分密切的联系，心理是思想的基础，思想是心理的升华。通过思想道德教育帮助学生提升人生境界，确立积极进取的人生态度，正确对待人生的顺境和逆境，为行为增添动力，可以促进学生心理健康水平的提高。因此，思想政治教育的不少方法，如说理教育的方法、批评与自我批评的方法、激励的方法、社会实践的方法都可以直接或间接地用于心理调适与心理保健。

（四）积极心理学的方法

1. 大学生网络自我调节的方法

网络自我调节的方法主要有宣泄、升华、脱敏、奖惩和认知等。

第一，宣泄，又称心理呕吐。即找一个对象进行淋漓尽致的倾诉，把心里的苦一吐为快。只要能把心里的不快说出来就能达到一定的调适目的。心理呕吐的关键是找到一个既能让自己信任，又不会对自己造成伤害的理想目标。网络的隐匿性可以打消倾吐者担心别人知道自己心里隐秘的疑虑。在网上漫无边际地聊天，就是网上宣泄的最好办法。但是网上宣泄的对象，必须是有所选择的，如果倾吐对象比倾吐者的心理问题还严重，两个人在聊天过程中产生共鸣，可能会形成恶性循环，导致更加适应不良的心理。网上虽适宜宣泄，但是无指导的宣泄缺少控制，负效应太大。因此，大学生的网上宣泄应在心理咨询中心的指导下进行，这对调节焦虑、压力、抑郁效果良好，且不会出现副作用。

第二，升华。升华是替代作用的一种表现形式，对调节因挫折引发的心理不适具有良好作用。在个人需要受阻、动机不能满足而遭遇挫折的情况下，尽快树立一个新的目标，使受挫后的压抑心理转向符合社会规范、具有建设性意义的方向发展，从而使不良的心理反应得到升华，这是心理调适的一种最为积极的形式。在网上心理咨询中，老师可以帮助大学生对受阻情况进行客观分析，抛掉那些不切实际的幻想，积极确立全新的切合实际的努力方向。

第三，脱敏。恐惧的实质是一种心理过敏，脱敏法对调整恐惧症具有良好作用。恐惧什么？为什么恐惧？在现实中面对面往往说不清楚，在网上用文字表达却更容易讲清楚。把恐惧的事写出来，进行分析，恐惧就消除了一大半。在网上心理咨询中，老师会指导学生直接面对恐惧对象，接受恐惧刺激，直到逐渐适应，恐惧心理就得到了调整。

第四，奖惩。将欲戒除的目标和行为与某种不愉快的惩罚和愉快的奖励联系起来结合进行，用惩罚和奖励的方法对抗原来形成的条件反射以取代原来的不良行为。这种方法对消退一些不良行为，如学习中的注意力不集中、心猿意马、缺乏学习兴趣等较为有效。建立奖惩法使学生在网上通过和老师交谈把兴趣转移到学习方面来，通过激励,把网上产生的学习兴趣再转化到现实学习中去。

第五,认知。这是一种心灵反省和探求正确认识的思维过程。当事人要认真分析自己的认识和看法是否正确,是否符合实际。如果不正确,错在什么地方,由什么原因引起,继而形成新的正确认识,用新的正确认识去替代旧的错误认识。这对调整人际关系、学习目标问题、环境适应不良、消费攀比等都有较好效果。

2. 大学生网上自我教育的方法

道德教育的真正功效和最大功效也在于学生的自我道德评价、道德判断、道德选择。道德教育的持久的机制,在于学生自我教育或修养能力的提高。所以,在德育过程中,应当坚持教育与自我教育的统一,培养学生自我分析、自我评价、自我激励、自我禁约、自我训练、自我检查等方面的能力。网络给大学生的自主发展提供了最大限度的可能,同时也对大学生的自我教育提出了最高的要求。心理健康教育工作者除了在网上开展直接的心理健康教育活动,还有一项重要的工作,就是引导大学生掌握网上自我教育的方法,促使大学生进行有效的自我教育。

(1)反思比较法。通过反思来提高自己的修养是一种传统的自我教育的方法。而这种反思往往通过比较的方式进行,或者将自己的现在与过去进行纵向比较,或者拿自己与他人进行横向比较,通过对言语、行为等方面进行比较,发现差距,为弥补差距而在具体行为上要求自身做出改变。大学生在网上与人交往,很容易发生与他人的横向比较。他人在网上的行为以及行为背后透漏出的品性,促使自己去反思自己在网上的言行。反思的结果可能是趋同,也可能是趋异。不管是趋同还是趋异,都是自主道德判断、道德选择的过程。

(2)自我想象法。从自我教育的角度来说,想象的内容之一就是在一定理想人格的指向上,对自己人格的期望和希望,这种期望和希望有时是非常具体的,是可实现的,有时是非常抽象的,甚至是梦幻似的。在网络上,大学生可以通过扮演各种形象来实现自己的期望,以弥补自己在现实中的各种缺憾;或者不由自主地想象网络上的交往对象,想象中的美好形象也能引导现实中的自身形象得到不断完善。另外,许多大学生通过在网上设计主页,将自己美好的一面展示给他人看,这是提升自己形象的过程,同时也是自我教育的过程。

(3)情感体验法。网络上的交流表面上是人机对话,实际上是人人对话,人人对话到一定程度就会有情感的体验。以真心换真心,关心他人,帮助他人,也是网络上非常普遍的美好情感体验。用真诚待人,却被别人欺骗,也有不少例证。各种情感体验会潜移默化地影响大学生在网上的品德行为,这是一个自然的选择过程,是自我不断实践的结果，自我教育以外的其他教育手段往往无法影响这一过程，当然也难以产生自我情感教育的效果。

大学生还可通过单独的教育网站、心理网站或校园网站进行自助指导，利用网络了解一些思想道德和心理问题产生的背景信息、问题积极变化的方向以及问题解决的方案。自助指导是心理学中的一个概念。网络上的自助指导是一项更为方便快捷、更有利于保护隐私的免费服务，成为自我教育的新途径，将有力地辅助学校心理健康教育工作。

第四节　互联网与高校心理健康教育的创新性研究

一、网络环境下大学生自我教育

内外因共同对事物起作用，但内因起根本性的作用。对大学生的心理健康教育不仅要利用外在因素，更要注重大学生自身积极因素的调动，让他们能够进行自我教育、管理和服务。

（一）提升自我教育和自我管理水平

第一，加强自我教育的引导。在这一教育过程中，一方面高等院校应转变心理健康教育的理念和模式，多提供“引导与选择”，而不仅仅是单一的“灌输与说服”。通过直接考评和他人评价，引导大学生进行正确的自我认识和评价，正确看待自身的优缺点，激发主体自我教育的积极性、自觉性，对于存在的不足，及时调整心态、想法和行为。网络弱化了大学生的情感体验，因此，应通过创设情境或对某种道德形象的想象，引导大学生深化自我情感体验、提高心理的自我保护意识和自我控制意识。另一方面，高等院校应完善和扶持相应的心理健康自助组织，从校、院、班三个层面上以学生为本，贯彻发展性原则，引导与监管并重。利用学生会和学生社团等学生组织，积极引导大学生开展各种形式的自我教育活动，增强其自主选择性、扩大其现实的社会交往、巩固其社会角色定位、促进其社会化进程。同时，高校可根据不同时期不同层次学生的特点，引导其设定阶段性的自我管理目标，并定期检查目标的实施与实现情况，这不仅对大学生的自我管理起到一个督促、巩固和提高的作用，而且有利于大学生克服自身的惰性，激发进行自我教育的主动性和创造性。

第二，大学生要努力做到“内省、自讼”“慎独”。“内省、自讼”是对内心的审视、灵魂的拷问，是心理自律的表现，是自我反省和自我批判。古人就有“吾日三省吾身”的自律警句。“慎独”是指在没有他人监督的状态下依然能够按照道德准则和法规要求自己。对网络环境下的大学生“网民”而言，“慎独”已成为一种基本的要求，不再仅仅是针对君子的高尚道德修养的要求。而大学生生理和心理发展的阶段性决定了其“三观”与行为习惯的形成和巩固仍需教育者的引导和熏陶。

（二）开启大学生元认知能力

元认知是个人对认知活动的自我意识与调节。元认知能力不是天生就有的，而是通过引导和多次的练习形成的。元认知能力一旦形成，它的主导性和激活力就会发生作用。所以，在网络环境下，开启、培养、提升大学生的元认知能力将会大大提升学生的自学和调控水平，使其能按照社会要求、道德规范和网络法规调整自己的言论与行为。认知心理学认为，自我教育一般包括自我觉醒、自我控制与自我发展。自我觉醒是对自我的分析和认识过程，是对自我高度的理性认识。它包含自我认识、自我评价和自我驱动三个方面的内容。自我价值目标的觉醒是自我觉醒关键。因此，教育者应帮助和引导大学生对自己进行客观深入的分析，形成对自我事实判断和价值目标，从而获得自我追求价值活动的内在驱动力，形成网络自觉意识。自我控制是个体按照社会规范的要求，对自己的思想和行为的主动掌握，通过对自己动机和行为的调控来实现预期目标，是高级的心理活动，受情绪稳定性影响。作为当代大学生，应树立自尊心、责任感，不断增强对网络信息的辨别和筛选能力，提升自我监控水平，认识自我不足，矫正自我言行。自我发展是个体对新目标确立、修正、执行并进行更高层次的自我教育的一个过程，它可完成自我教育目的的递进，是“现实我”向“理想我”的转化。具有元认知能力的人明白自己该做什么、何时做、如何做。当短期目标实现时，个体能自觉地确立新的目标并执行，不断促使自我发展和完善。网络环境增加了选择的自主性、环境复杂性，因此应重视大学生元认知能力的启发和培养。

二、培养新型心理健康教育工作者

（一）心理健康教育工作者角色的转变

首先，树立现代化的教学理念。教师必须以“教”向“导”转化为主；由知识传播向方法指导与学生创新意识和实践能力的培养转化；由教材的执行者向课程研发者转变；由德育培养者向成长生活的设计者转化；由单向传递向双向交流互动转化。

其次，从制度权威向魅力权威转化。传统观念认为，只要是教师就具有教师权威且教师在学生面前具有强烈的自我权威意识。马克斯韦伯将权威分成三个方面：一是由传统而产生的传统权威；二是因个人魅力而产生的感召权威；三是因专业和法定因素而形成的合理—合法权威。网络教育的模式增强了教育的大众化和个性化，它的出现对教师权威的含义产生了本质上的突破，瓦解了教师因知识拥有量而产生的权威，向传统的和感召性权威提出了严峻挑战。现代具有独立自主能力、富有创新和想象力的大学生更是以苛刻和挑剔的眼光对教师进行整体的审视和批判，因此，教师要将多种权威集于一身，才具备真正的影响力，从而感染和教育大学生。

最后，创建平等的师生关系。传统思想认为教育者是“传道、授业、解惑”者，教师因博学和独有的信息源而占据“权威地位”。师生关系处于教与学、管理与被管理的状态。网络打破了原有的“传道、授业、解惑”和信息源独享模式，改变了受教育的途径和方式，强化了个性化、主体性，也增强了师生对话的平等性。教育者和受教育者可通过网络进行探讨、发表见解、获取所需信息，彼此之间相互创造、相互证实自己的存在更多地表现为精神层面的交流和对话。因此，要调整传统的“师据生恭”关系，建立新的“师生平等”关系，创建一个师生相互理解、相互认可、相互接纳的新型社会关系。

（二）提升心理健康教育工作者信息素质

网络集动画、声音、文字等于一体，把抽象变为具体生动，把枯燥的内容变得生动形象充满乐趣，可以激发大学生的兴趣使其自身的主观能动性得以发挥。且网络所能实现的远程教学、链接、在线互动、博客等功能打破时空限制，便于教育者和受教育者双方自由对话和交流。因此，新时代教育工作者不仅要有丰富的专业理论知识和技术，还应不断与时俱进，积极主动地学习，利用计算机和网络技术增强教学效果、提升教学水平。教育者也只有在掌握了网络技术的情况下才能更好更全面地了解大学生的思想和心理趋向，更好地为大学生服务。

（三）关注心理健康教育工作者的心理健康

心理和思想紧密相连，个体心理的健康发展是形成和接受思想教育的基础，思想的发展变化又对心理产生影响与制约。教育者的一言一行都会对受教育者产生影响，其心理健康状况也不例外。因此，关注教育者的心理健康状况，才能更好地实现教育工作目标。教育工作者的心理问题是教育工作者在自我定向过程中出现的对角色规范的偏离、心理失调与障碍的非正常现象，主要有适应性问题、角色冲突问题、人际关系和职业倦怠等心理问题。首先，加强对身体机能的锻炼。身体健康是心理健康的基础。研究表明，欠佳的身体状况会使人缺乏信心、抱有负情绪，从而不利于教学工作的顺利进行。其次，通过心理健康教育讲座、专业技术培训、心理座谈、寻求更多社会支持、提高福利待遇等途径分层次、分阶段、分目标、分要求地关注并提高教育工作者的工作满意度和心理健康水平。

三、高校网络意见领袖

意见领袖最早起源于社会学，后经发展成为传播学的经典概念之一，是拉扎斯菲尔德等人在就美国总统选举进行的一例调查中发现的。它是指在把媒介信息传递给社会成员的这一过程中，那些发挥着某些影响性的中介者。后来研究者卡兹和拉扎斯菲尔德经研究发现，意见领袖不仅存在于政治领域，还存在于购物、流行、时事等社会生活领域。根据他们的总结，意见领袖具有如下特性：第一，意见领袖与受众多数情况下是平等关系，而非上级与下级的关系；第二，在社会群体和各阶层中都有意见领袖的身影；第三，意见领袖有单一型和综合型之分，其影响力也是如此；第四，他们通常渠道广、生活阅历丰富、社交广泛、社会地位较高；第五，他们的意见对他人的态度和行为产生影响。

（一）高校网络意见领袖的作用

1. 信息传播与加工者

由意见领袖的定义和特点可以看出，他们通常是关系良好、知识渊博有见解、信息丰富的某个人或某类人，他们接触面广泛、接收信息的速度和拥有量也比一般人好。在信息传播过程中，意见领袖一方面传播传统媒体的信息，而且会基于自己的选择性注意、选择性理解和选择性记忆对获得的信息进行分析、判断、筛选、加工，形成新的信息再传播给不知道或者不清楚的受众。另一方面，当受众面对浩瀚如烟又良莠不齐的网络信息时，会产生相信与怀疑、赞成与反对、面对与逃避等矛盾的心理，此时出于对意见领袖的认可，受众往往会寻求意见领袖的指导。意见领袖则根据自己的人际关系、知识储备、社会经验阅历等对受众提供的信息进行分析，最终给予明确而清晰的意见。

2. 内容把关与监督者

网络的特性决定了其成为一个没有地域之分和国界的全球化媒介，人们可以在一个相对自由的环境中利用多种方式发表言论、发布信息、接收信息。信息参差不齐，有用与无用的、正确与错误的、先进与落后的信息充斥整个网络，降低了受众对有效信息的选择和使用率。从信息传播角度来看，网络传播实现了点对点的传播模式，省略了中间环节，造成了“把关人”角色的缺失。而存在于网络环境下的高校意见领袖，作为信息、观点、态度的传播者，在一定程度上充当了“把关人”和监督者的角色，可过滤掉有害、无用信息，保障网络信息的健康性和安全性；能够针对当前社会政治、经济、文化、道德等方面的现状，凭借自己的专业性和权威性，用客观、理性、批判的眼光进行审视，并通过校园网络对网络舆论和社会时事进行监督引导，从而达到教育的目的。

3. 舆论引导者

网络的多元化、网民的多维化、传播环境的复杂性决定了网络言论的开放和分散性，众多观点、看法云集，难以达成一致。因此，意见冲突在网络中更易被激化形成舆论场。虽然网络舆论“无机”的状态难以改变，但是网络意见领袖拥有的魅力权威在观点说服、网络舆论引导等方面具有积极意义。网络意见领袖的魅力权威不是某个人或某个组织赋予的，而是在网络互动过程中通过个人能力、人际关系、人格魅力、思辨能力获得的。其提供的意见虽是众多评论中的一个，但比较之后优劣自知。随着受众对意见自主选择权利的扩大，意见领袖的引导作用更加凸显出来。同时，网络意见领袖可通过“设置议题”和“设置议程”引导受众由感性认识到尊重事实的理性反思，影响受众对事件的态度和行为。网络中出现偏颇、虚假、迷信、极端等信息时，意见领袖若能及时对信息给予综合分析、理性判断、权威评论，则会对舆论起到正向引导宣传的作用，进而影响社会舆论的形成与走向。

意见领袖具有榜样示范的作用，具有较强的号召力和感染力，是受众崇拜和模仿的对象。如果意见领袖的思想观念和心理发生了变化，传播一些错误或与主流价值观念相悖的意见，基于其个人的影响力和网络传播的力量，其带给受众的影响将是深远而广泛的，将阻碍正面信息的传播，给受众的认知和校园、社会的稳定带来负面影响。因此高校应加强对意见领袖的管理，利用意见领袖积极因素促进大学生健康成长。

（二）高校网络意见领袖的管理

1. 发现、启用“意见领袖”

与传统社会一样，意见领袖也存在于网络之中，他们往往是网络舆论的灵魂人物，是议题的发起者、引导者，又可能是共识促成者。因此，作为高校的教育工作者，要深入学生群体，积极参与到学生网络社区中如学生论坛社区、学校贴吧、群组讨论等，通过线上和线下的观察法、谈话法、测量法等方法，“发现”网络意见领袖。教育工作者可从以下几个方面“发现”网络意见领袖：首先，具有广泛影响的人。当大学生受众碰到问题时会向谁请教和咨询。其次，具有特殊影响的人。观察、研究大学生受众的态度、行为易受哪些人的影响而产生改变。最后，具有主动影响的人。本人是否有意愿主动为他人提供建议以影响他人，并加以考察这些建议对影响他人的行为是否有效。通过以上几个方面“发现”隐藏在高校网络中的意见领袖。同时，高校还可鼓励知名的专家、学者、政治家、评论家、政府官员、管理工作者等社会精英阶层深入学生网络社区，担起意见领袖的责任，成为网络舆论的引导者、大学生健康发展的引路人，承担起传承先进文化与教育年轻人的责任。

2. 教育、引导“意见领袖”

意见领袖在群体中发挥着主导性作用，其思想和个性特征对群体的发展方向起到导向作用，某些特殊时刻其举动可牵一发而动全身。因此，高校要通过网络平台进行核心价值观教育、心理健康教育和理想信念教育，发起献爱心、扶贫支教等社会实践性活动，提升意见领袖思想素质、身心健康水平、社会责任感和个人魅力，搭建起意见领袖和大学生之间信任的桥梁，使其成为社会主流思想的传播者和教育者，成为教育和转变部分消极人群的入口和突破口。作为高等院校的工作者和管理者，应从细处着手，重在平时，积极发现和关注意见领袖在网络中的思想动态和行为举动，注重引发“理性声音”的力量，避免偏激观点，如发现他们有极端和片面的言行，应通过恰当的方法及时给予干预和纠正，让主流、权威、真实的力量抢占大众意见市场。意见领袖通常是那些思维敏锐、思想觉悟高、意志坚定、自尊心强、能力超群者，因此应以尊重、关爱之心，以平等性、主动性、艺术性以及预防性原则与之交友、交心，给予良好的指导，使其切实成为促进大学生和谐发展、有所为而有所不为的优秀意见领袖。

3. 鼓励、宣传“意见领袖”

班杜拉提出的模仿论认为:来自直接经验的全部学习活动都是能够通过模仿别人的行为举止而习得的。因此班杜拉重视榜样的作用,认为榜样特别是受人们尊敬的榜样,具有替代强化作用,人们可以通过观察、模仿产生自我强化的作用。正如苏霍姆林斯基所说:越是鲜明的形象,越是产生强烈的影响。追随者众多的意见领袖既是群体精神内容的模范体现者,又成为大家效仿的对象。因此,一方面,高校应对于已发现的思想端正、言行规范的意见领袖给予及时的肯定、表扬、立体宣传,根据性质和影响程度的不同给予精神和物质的奖励;另一方面,高校应与意见领袖建立长久、动态的联系,以点带面推动其自身完善和领导力、影响力的发挥,成为大学生学习的典范。

4. 搭建“意见领袖”传播平台

为网络意见领袖搭建一个可持续发展的绿色网络平台。在这个平台上,意见领袖可表达个人观点、相互交流取长补短、对社会问题发表鞭辟入里的见解,进而影响受众倾向。而这个平台自身主体性的发挥又要通过该平台的把关人、技术人员和网络意见领袖主体性的发挥体现出来。因此,高校搭建并利用这个平台让网络意见领袖所富集的资源,如社会地位、经济基础、信息占有、个人魅力等,充分发挥其教育、引导、帮助的作用。对于由现实社会自然过渡到网络的意见领袖而言,他们拥有较多的社会资源,广大的受众、网络传播为这些资源的充分利用和良性互动提供了平台,更易调动意见领袖和受众参与的主动性。就在网络中生成的意见领袖而言,虽然他们可能拥有的社会资源有限,但依然具有一定的学历、生活阅历、信息量和参与性较强等特征,这个开放、自由、可持续的网络传播平台同样能够调动他们参与的热情,促使他们结合自己的专业和阅历,从不同的视角加以引导、教育广大大学生受众。

四、丰富网络教育内容

(一)网络法律、法规教育

网络所形成的虚拟社会与现实社会一样,都是人们生产和生活不可脱离的场所。应建立健全的网络法规,依法加强网络管理,用制度来规范和引导网络言行,使网络中的各主体明确自己享有的权利和应履行的义务。国家根据发展需要,明确指出要进一步加强网络法规建设和法治教育,中共中央办公厅、国务院新闻办公室、信息产业部等在2000—2017年发布了多部关于网络电子公告、新闻宣传、信息和文化安全建设与管理的相关规定，明确了网络工作的方针、治理机制和管理体制、网络服务功能和网络运作安全等事项，为进行大学生思想政治教育和心理健康教育提供了法律层面和外围环境的保障。

因此，各高校应加强网络法规教育，首先让学生熟悉网络法规的规定；其次走进学生心里，让其知道该为和不该为事项；最后固化为行为自觉遵守。但高校在网络法规的宣传、学习力度上存在不足，如宣传次数少，宣传内容浅，受众数量少，影响力度小等问题，这在一定程度上导致大学生因不了解网络法规而对其难以遵从。所以，高校一方面可利用课堂教学、讲座、主题班会、社会实践活动等形式，普及网络法律法规知识，帮助大学生自觉养成良好的网络行为习惯，由他律转向自律，做到网络“慎独”。另一方面，根据相关法律法规的规定，制定符合本校实际的大学生网络行为规则和规范，如礼貌礼仪，言语文明，诚实守信，不登录、浏览不良网站，不盗用他人信息资源，不泄露他人隐私等，从而使大学生的网络行为有明确而严格的操作标准。同时，将网络法规的要求规范化、具体化与学校德育量化考评制度相联系，形成良性、持续的激励和约束机制；在各科教学中，根据学科性质、内容和课程设置，将网络法规的教育和活动渗透其中，使大学生从理论上掌握、在实践中体验，正确看待网络，养成健康的网络观念和行为。

（二）优秀传统文化教育

中国优秀传统文化博大精深，它体现在哲学、教育、文化、科学等各个领域，只有将优秀传统文化和心理健康教育相结合，才适宜中国大学生的发展现状，才能发挥心理健康教育的民族功效。《中央关于深化文化体制改革推动社会主义文化大发展大繁荣若干重大问题的决定》中明确指出：“全面认识传统文化……坚持保护利用、普及弘扬并重，加强对优秀传统文化思想价值的挖掘和阐发……使优秀传统文化成为新时代鼓舞人民前进的精神力量。”

1. 道德修养教育

中国传统文化强调个人的道德修养与人格完善，是一个人修身立命之本。中国优秀传统文化中“仁者爱人”的博爱之心，“己所不欲，勿施于人”的尊重之心，“大学之道，在亲民，在止于至善”的友善之心，“孔融让梨”的礼让之心，“大丈夫当容人”的宽容之心，“人而无信，不知其可”的有信之心，“自强不息”的进取之心，“见贤思齐”的进取精神，“天将降大任于斯人也，必先苦其心志，劳其筋骨，饿其体肤”的耐挫精神，

“乐天知命,故不忧”正视环境与悦纳自我的心态,“天下兴亡匹夫有责”的爱国情感,“夙夜在公”的集体主义思想等,对大学生形成良好的道德修养具有重要意义。认知心理学认为,道德判断的能力取决于一个人的认知水平,它是衡量思想道德修养的重要因素,所以道德认知是道德行为的前提。

2. 价值观教育

社会生活充满竞争,有竞争就有矛盾,如何使学生在竞争中学会和谐相处,是我们必须思考的问题。中国优秀传统文化在这一方面给我们提供了诸多资源。传统文化承认人有道德和物质利益的双重需求,但侧重重义轻利、见利思义,有视不道义的富贵好比浮云的道义之辩,有杀身成仁的奉献精神,有以先义后礼为荣,这些精神已成为新时代的价值观取向。面对出生在改革开放后、成长在社会转型期的大学生,我们在平时教育过程中应将其成长中遇到的酸甜苦辣结合,与他们身边的各种奖助学金评定和评优事例相结合,不仅从理论认知上给大学生以教育,更能从情感上打动他们,促使他们沿着正确的人生方向行进,对人和事多一些理解、多一些关心和奉献,少一些怨言、少一些冷漠和功利。

3. 学习观教育

大学生不仅要学习理论知识,更要注重方法的学习;不仅要学做事更要学做人;在不断的学习中锻炼提升自己的调控能力。古人在学习态度上有每时、每刻、每处学习的学而不止之心,有择善而从不善而改、不耻下问的谦逊好学之心;在学习方法上有学思结合、同伴学习、梯度学习的方法。作为当代大学生,在人生成长的道路上不必有悬梁锥刺和凿壁借光的行为却要有这样刻苦的精神;在遇到困难时要有精卫填海以及夸父追日持之以恒的精神去除万难;遇到压力时要有“野火烧不尽,春风吹又生”的韧性,鼓励并相信自己,相信无论前方的路有多少荆棘,我们也终将会胜利;失意时要有“不经历风雨怎能见彩虹”的精神境界,保持平和淡然的心态,使心中始终充满灿烂的阳光。

(三)理想信念教育

思想政治教育和心理健康教育虽在理论基础、方法、功能的侧重点等方面有所差别,但在研究内容、主客体和教育目标等方面相交融。心理健康教育为思想政治教育提供必要条件,思想政治教育是心理健康教育的基础和依托。国家中长期人才发展规划纲要指出:“加强人才培养,注重理想信念教育……促进人的全面发展。”理想信念教育属于思想政治教育和心理健康教育的范畴。因此,高等院校要不断加强大学生理想信念教育,促进其身心全面发展。

通过调查发现,大部分学生对理想信念教育的态度及其作用认识是积极良好的,但仍有一部分学生认识不足。

首先,关注大学生自我发展和实际需要。从某种意义上讲,客观事物对人的价值在于其是否能满足人的需要,其满足人的要求的程度越大,对人的价值就更大,人们想拥有该事物的动机就越强烈。理想信念教育亦是如此,只有将其与大学生发展和实际需求相联系,才能发挥其价值,才能找到生根发芽的土壤。当前大学生注重个体发展、崇尚成功,理想信念教育要与其成长阶段、需求、所处的社会环境相联系,才能起到教育的目的。

其次,个人理想和近期目标相结合。每个人的理想都是多样的,因此不仅要谈远大理想也要谈近期理想。让远大的理想成为近期目标得以实现的导航器,让近期目标的实现成为向远大理想接近的路基。鼓励大学生志存高远,将个人的理想与国家的发展相联系,求真务实,从自身实际出发,从小事做起,认真扎实地在平凡中做出不平凡的事迹。在如何实现大学生远大理想方面,教育者要给予积极的引导和检查。第一,引导大学生明确自己的远大理想是什么,是否合理;第二,为了实现崇高的理想,近期要实现的阶段性目标是什么;第三,为了实现各个阶段的目标,我们要做什么;第四,如何做才能实现我们各个阶段的目标;第五,对大学生不同阶段的目标任务,教育者要给出必要的引导、检查、帮助和鼓励。

最后,关注大学生的思想困惑。社会价值的多样化为大学生凸显个性、自立自强、培养创新意识、增强竞争意识等提供了帮助,但也带来了思想观念以及行为的多样性和差异性。因此在教育时,不能简单地告诉学生什么是什么、包含什么,这不仅不符合大学生身心发展的特点,也易引起大学生情绪情感上的反感和抵触。高等院校的老师要运用马克思主义观点和多种教学方法,全面而深刻地诠释是什么和为什么,起到答疑解惑的作用,才能展现理想信念教育的魅力,才能达到理念的认同,从而促进大学生努力践行。

五、开展网络心理咨询

心理咨询指的是通过专业培训的咨询人员运用心理学的方法,帮助来访者自强自立的过程。网络心理咨询指的是心理咨询人员利用网络的虚拟空间和心理咨询的相关技术和策略,以书面语言的形式给予来访者提供心理帮助的过程。

第一，网络拓展了心理咨询的空间并延长了其咨询的时间。非网络化的心理咨询无论是采用面对面还是电话等方式，都受专业咨询人员数量和时间的限制，使得可获得咨询的人员的数量也受到限制。且传统的心理咨询受到空间的限制也较大，如距离远近、交通便利性等因素的制约。而网络心理咨询打破了时空的束缚，使咨询更为便捷。

第二，氛围平等，抵触情绪小。在以往的心理咨询的过程中，来访者被认为是弱者或是求助者，而咨询者扮演的是施助者。在这一过程中，咨询者的言谈举止、语气语调都会对来访者产生影响，尤其是咨询者的不良表现将会引发来访者的消极情绪，产生阻抗。而网络来访者既能尊重咨询者的权威，又因空间距离的拉大和人机对话的模式，使自身能更好地平衡心理，双方在平等的氛围中进行交谈、讨论，探讨解决方案，不易产生抵触情绪。

第三，减轻来访者的心理负担。以往的心理咨询多以面对面的方式进行，双方关系和地位上的不平等易使来访者产生紧张情绪。为了解决问题，来访者有时不得不说出自己心里的秘密，这对来访者造成一定的心理压力。而网络的虚拟性规避了咨询关系中的不对等性，缓和了来访者的心理顾虑、紧张情绪和心理压力。

第六章 大学生互联网道德心理及其素质提升

第一节 互联网道德心理概述

研究网络道德心理必须了解道德、伦理、品德与网络道德的概念,掌握道德心理与网络道德心理的形成发展及心理结构,研究网络道德心理对大学生心理健康的影响。

一、道德心理与网络道德心理

(一)道德、伦理、品德与网络道德

1.道德与伦理的关系

“道德”是由“道”和“德”两个字组合而成。“道”有道路、法则、宇宙万物的本原、本体之意。“德”与“得”相通,指个体对“最高法则”有所“心得”。

“道”与“德”组合,始于春秋战国的《礼记》《庄子》《荀子》《韩非子》诸书,并且生成了确定的意义。如《礼记·曲礼》中的道德仁义,非礼不成。《庄子·刻意》中的恬

淡寂寞，虚无无为，此天地之平而道德之质也。《荀子·劝学》中，故学至乎礼而至矣，夫是之谓道德之极。简言之，在中国传统文化中，“道德”是一种通过社会舆论、传统习俗和人们的内心信念来维持的特殊的社会意识形态，是对人们的行为进行善恶评价的心理意识、原则规范和行为活动的总和，同时兼指个人的行为品质和修养境界。

“伦理”是由“伦”与“理”两个字组合而成。古代对“伦”的释义有三，《说文》曰：“伦，辈也。”《礼记·乐记》曰：“乐者，通伦理者也。”郑玄注“伦理”曰：“伦，类也，理分也。”由此可知，“伦理”的本义为“人伦之理”，即血缘亲属之间的礼仪关系和行为规范。“理”则有治理、规则之义。后来，“理”有了几种引申，即物质之“理”如“纹理”；人文之“理”如“道理”；科学之“理”如“理科”；使某事有序或合理之动作，如“管理”等。现代学者整合汉语中的“伦”与“理”之义，将“伦理”定义为“处理人们相互关系应遵循的道德和准则”。伦理是指在处理人与人、人与社会相互关系时应遵循的道理和准则，是指一系列指导行为的观念，是从概念角度上对道德现象的哲学思考。

伦理和道德的含义基本相同，都与行为准则有关，但也有一些细微的差别。伦理主要指客观的道德法则，具有社会性和客观性；而道德是客观见之于主观的法，主要指个人的道德修养及其结果。

伦理与道德是伦理学或道德哲学中的两个核心概念，但二者长期处于概念模糊和逻辑混乱状态。为了辨析这两个概念，以便深入研究，有学者进行了以词源学为基础的汉语言文化、英语文化、中西文化的三重比较，认为：“伦理”概念是西方理性伦理学的核心概念，“道德”概念则是中国道德哲学的逻辑起点。由于两种文化的起源与发展轨迹不同，中西语境下的“伦理”与“道德”概念打上了各自民族精神和历史文化的烙印。“伦理”概念蕴含着西方的理性、科学、公共意志等属性，“道德”概念蕴含着更多的东方文化情性、人文、个人修养等色彩。“西学东渐”以来，中西“伦理”与“道德”概念经过碰撞、竞争和融合，目前二者划界与范畴日益清晰，在当下中国学术话语中，“伦理”逐渐成为伦理学中的一级概念，而“道德”则退居为伦理学中“伦理”概念下的二级概念。它们有着各自相对独立的概念范畴和使用区域，即“伦理”概念适合于抽象、理性、规则、公共意志等理论范畴，而“道德”概念适合于具体、情性、行动、个人修养等实践范畴，二者不能混同。

2. 道德与品德的关系

品德即道德品质，是道德在个体身上的体现，是指个体依据一定的社会道德准则和规范行动时，对社会、对他人、对周围事物所表现出来的稳定的心理特征或倾向。

道德与品德两者的概念是有区别的。道德是一种社会现象。自从有了人类社会就有了道德。道德是一种分辨善与恶的尺度,它随着社会的发展而发展,随社会基础的改变而改变。自从社会出现了对立阶级,各阶级对于行动的善与恶都有自己的看法与标准。在阶级社会里,道德往往具有阶级性,它是各阶级社会经济地位与利益地位的反映。道德的产生、发展和变化服从于整个社会发展规律,它不以个别人的存亡、个别人品德的有无为转移。品德是一种个体现象,是社会道德在个体身上的体现。品德的发生、发展有赖于某一个体的存在。道德是伦理学与社会学研究的对象;品德则是心理学与教育学研究的对象。

道德与品德两者又有着密切的联系。离开社会道德也就谈不上有个人的品德。个人品德的内容是社会道德在个体身上的具体表现。个人品德的发展与社会道德一样都受到社会发展规律的制约。在中国文化中,道德与品德常常通用。道德既是一种通过社会舆论、传统习俗和人们的内心信念来维持的特殊的社会意识形态,是对人们的行为进行善恶评价的心理意识、原则规范和行为活动的总和,同时也兼指个人的行为品质和修养境界。

3. 网络道德的概念

在弄清上述关系的基础上,我们来界定网络道德的概念。有学者这样界定网络道德:网络道德是对信息时代的人们通过电子信息网络而发生的社会行为进行规范的伦理准则。我们认为这样界定过于简单。通过上述概念的辨析,我们将网络道德定义为:网络道德是一种通过现实社会和网络社会的社会舆论、传统习俗和人们的内心信念来维持的特殊的社会意识形态,是对人们的网络行为进行善恶评价的心理意识、原则规范和行为活动的总和,同时也兼指个人的网络行为品质和修养境界。

(二)道德心理的概念与内涵

1. 道德心理的概念

道德心理学是以道德和心理的关系为研究对象,揭示道德产生、发展的心理基础,道德知行的心理机制、心理过程和心理状态,以及心理失衡中的道德调节等一般规律的科学。道德心理则是指人们在内外因素作用下,对社会道德现象和自身道德行为过程所持有的道德认知、道德情感、道德意志、道德行为的道德心理过程,以及由主体的道德需求、道德态度、道德价值观等形成的道德个性心理倾向性和由道德知识能力、道德性格等构成的道德个性特征。

2. 道德心理的内涵

道德认知是以社会认知为基础，以整个社会关系为背景，对一定道德概念、原理和规则及意义的认识。道德认知包括：认识反映各种道德关系的各种道德规范系统的要求；理解道德范畴、原则和规范系统对社会、对个人的价值和需要，逐步形成道德价值观念体系；在各种道德环境中对人们的行为正确做出道德判断和道德评价的能力。道德心理的形成是从道德认知开始的，是促进道德内化和信念形成的认识基础。

道德情感是人们根据一定的道德观念，在处理相互关系、评价自己和他人行为时所产生的态度和情绪体验。它是道德认知和道德行为的中介变量，道德认知只有和道德情感相结合，才会产生道德动机，从而推动道德行为。高级的道德情感（如责任感、义务感、理智感、审美感等）更是一个人道德倾向性的核心和道德行为的巨大内趋力。缺乏道德情感常常是造成知行脱节、言行不一的主要原因。道德情感的内容主要包括爱国主义情感、集体主义情感、义务感、责任感、事业感、自尊感和羞耻感等。

道德意志是指一个人在履行道德义务的过程中表现出来的自觉克服困难和阻碍的心理特征，例如自制、忍耐、刚毅、果断、坚强等。它体现出道德选择的果断力和实现理想的坚持精神。在道德品质的形成过程中，道德意志的主要功能，是依据某种道德认知和道德情感，果断地确定道德行为的方向和方法，并克服和排除来自外部或内部的诸种障碍和干扰，使行为者长时间地专注于所确定的行为的完成。“理智战胜情感”就是指意志的力量根据理智的认识克服了与理智相矛盾的情感。

道德行为是人在道德认知与道德情感的推动下产生的涉及道德意义的行为。道德行为是道德的外部表现形态，也是德育的最终目的。评价一个人的品质如何，不仅要听其言，更要观其行。道德行为包括道德行为方式和道德行为习惯两个方面。人的道德行为的过程极其复杂，在面临一个需要做出反应的情境时，个体先是运用自己已有的知识做出判断，然后在内心进行复杂的动机冲突，最后形成相应的行动计划。许多内外因素影响这一过程的进行。道德行为的变化和发展，实际上是个体的道德认知、道德情感、道德意志的综合体现。

道德个性是一个人在道德活动中表现出来的稳定的、本质的心理特点的综合。道德个性表现为道德个性心理特征和道德个性倾向性两个方面。道德个性心理特征是在一个人身上经常稳定地表现出来的心理特点。它是个体道德心理活动的特点以某种机能系统或结构的形式在个体身上稳定的表现，主要表现在道德能力、道德气质和性格方面。不同的人具有不同的道德个性心理特征。道德个性倾向性是一个人道德行为的动机目的性。这种倾向性表现在个体的道德需要、道德动机、道德理想、道德信念和人生观等方面。它是人们对道德现实以及对自己的一种态度体系,表现在对道德现象认识和活动的趋向和选择性上,在人们的道德心理活动中起着主导作用。

(三)网络道德心理的概念与内涵

综上所述,我们可以把网络道德心理界定为:网络道德心理是指人们在内外因素作用下,对网络社会道德现象和自身网络道德行为过程所持有的网络道德认知、网络道德情感、网络道德意志、网络道德行为的网络道德心理过程,以及由主体的网络道德需求、网络道德态度、网络道德价值观等形成的网络道德个性心理倾向性和由网络道德知识能力、网络道德性格等构成的网络道德个性特征。

二、网络道德心理的形成及结构

(一)网络道德心理的形成过程

20 世纪 80 年代初,美国心理学家雷斯特的道德心理模型理论(Rests Model of Monal Psychology)否定了种种道德发展理论用某个单一的变量或心理成分来表示的做法,综合考虑知、情、意、行的各种心理活动,指出了个体从面对情境到产生行动的合乎逻辑的心理过程:过程一是解释情境,过程二是道德判断,过程三是道德抉择,过程四是实施行为。我们可以借鉴雷斯特的道德心理模型理论来分析网络道德心理的形成过程。

网络道德心理的形成要经过解释网络情境、进行网络道德判断、做出网络道德抉择、实施网络道德行为、形成网络道德人格等五个阶段。

1. 解释网络情境

面临特定的具体的网络情境,个体必须先竭力加以理解,对自己说明当前发生了什么,然后估计可能采取哪些行动,以及它们对自己和他人有何影响和后果。在网络情境被解释的时候,大学生还会有情感的强烈唤起,即学生在理解情境的同时就已经可能对事件或人物怀有了肯定的或否定的情感。这不是指情感可以独立于认知,而是表明随着最初的认知会一下子产生冲动性的情感。这种情感的唤起常不依学生主观意志为转移,而且会使大学生去突出或抹杀情境具有的某种意义,它对动机的形成起着一定的作用。当然,大学生对网络情境的道德意义的理解、解释是一个复杂的心理过程。它含有线索检索、信息整合、做出假设、进行推断等,而这些都与大学生认知能力的发展有关，也与大学生对其他人的需要、利益的敏感程度有关。

2. 进行网络道德判断

在解释网络情境的基础上，大学生从各种可能实施的行动中决定其中的哪一个在道德上是正确的，这也就是做出道德判断的过程。以皮亚杰和科尔伯格为代表的道德认知发展学家在这方面已有大量研究和成果。他们向个体直接呈示道德问题的情境，要求对此做出选择判断并陈述其理由，从而了解他们道德推理的依据和道德思维的框架。由此，他们发现了个体道德判断的图式和发展阶段，其中公正观（感）则是图式和发展阶段的核心问题，它帮助个体对社会情境与网络情境做出何为道德上的正确的判断。

3. 做出网络道德抉择

在网络道德判断的基础上，大学生对自己认为在道德上是对的的那个行动所赋予的道德价值超过了其他观念的价值，从而可做出把认识和判断付之以行动的抉择。这是一个涉及网络道德行动的决策过程，有赖于大学生的网络道德价值观在其价值观体系中处于相对优于其他价值观的地位。这一过程是判断与行动、认识与行为之间的必要环节。基于网络道德判断的道德价值观常常不是个体唯一的价值观，非道德的价值观念常颇具诱惑力而使大学生不能遵循网络道德判断去做出相应的网络道德抉择。究竟是什么促使大学生把道德价值观置于其他的价值观念之上？又是什么能使大学生从道德判断的认识过渡到做出道德行为的抉择？心理学家做出了不同的解释：有的认为是"良心"，如阿伦弗里德、艾森克等认为，良心使所有的人循规蹈矩，害羞、内疚、惧怕促使大学生变得道德。有的认为是"敬畏感"，如埃里克森等认为，道德动机源自对那些比自我更为伟大的东西，如对国家、上帝、神、宗教等的敬畏或自我服从。有的认为是"遗传基因"，如威尔逊等认为，个体行为之所以能够是道德的，是因为进化使利他主义成为人的遗传基因；霍夫曼等认为，移情是利他主义、个体道德行为的基础；布莱西、达蒙等认为，关心自我完善、关心自我同一性，是促成道德行为的动因。有的认为是"环境"，如罗尔斯、科尔伯格等认为，生活在建立了公正和关怀关系的环境中，其结果会使个体承担起道德义务；班图拉、戈尔戴蒙德等认为，个体的道德，只是因其反应获得了强化和模仿的机会，也可以说是个体"学会"了社会行为而已；杜威、皮亚杰等认为，需要建立一个理想的社会，这样的社会离不开社会性合作，大学生本人则是其中休戚与共的一员，这种认识是大学生道德的动力。我们认为，大学生所做出的网络道德抉择，不是单一因素影响的结果，而是多种因素综合影响的结果。其中，良心和责任感是内因,社会环境是外因。外因是做出网络道德抉择的条件,内因才是做出网络道德抉择的依据。

4. 实施网络道德行为

在网络道德抉择的基础上,个体将进一步把网络道德意向具体转化为网络道德行动。这一过程不仅需要个体具有相应的体能和技能,而且需要个体能明确行动的具体步骤,克服可能出现的阻碍,战胜疲劳和挫折,排除分心和干扰。即这一过程要求道德认知、道德情感和道德意志共同参与。网络道德认知与网络道德情感决定人们是否去从事某种网络活动,而道德意志则决定人们愿意付出多大的努力去克服困难和消极体验并且坚持下去。

5. 形成网络道德人格

经过解释网络情境、进行网络道德判断、做出网络道德抉择、实施网络行为等四个阶段,网络道德内化完成。再经过多次外化实践的检验和理论的升华,网络道德观念体系便步入人性格化的层次,迈向网络道德人格化的境界。进入这个阶段的大学生,能够按照已经内化的网络道德取向,长期控制个体的行为,并使之成为长期坚持的行为习惯,他们的一些政治思想、道德观念、信念和态度,已经整合成一个完整的哲学思想体系或世界观,网络道德观念达到了人格化的新境界。一个具有网络道德人格的大学生,具有以下两个方面的行为特征:一是形成了明确一致的方向。在任何情况下,任何特殊时刻,个体的政治观、道德观和政治与道德态度都是完全一致的。这种一致属于很高水平的选择性反应。它往往表现为不靠事前有意识的思考就能指导网络道德实践的倾向,使得自己高尚的网络道德行为成为一种习惯性的本能反应。二是形成了网络道德人格特征。一定的网络道德观念体系的人格化,是网络道德过程所达到的最高层次,此时,大学生已达到网络道德修养的最高境界。

(二)网络道德心理结构

网络道德心理结构是指大学生在现实社会和网络社会影响下产生道德行为的过程所涉及的心理成分相互关联和制约的动力机制。个体网络道德的形成是个体心理成分的有机结合的过程。网络道德的心理结构是个具有多要素、多系统、多层次、动态稳定的非平衡结构,由网络道德心理过程和网络道德个性心理两大类构成。

1. 网络道德心理过程

它包括网络道德认知过程、网络道德情感过程、网络道德意志过程和网络道德行为过程，是网络心理现象中不稳定的信息加工过程。

(1)网络道德认知过程。网络道德认知是以现实社会认知为基础，对一定的网络道德概念、原理和规则及意义的认识。其过程包括网络道德感知觉与记忆、网络道德思维与判断选择。

(2)网络道德情感过程。网络道德情感是人们根据一定的道德观念，在处理网络相互关系、评价自己和他人网络行为时所产生的态度和情绪体验。网络道德情感包括网络羞耻感、责任感、理智感、审美感等。

(3)网络道德意志过程。网络道德意志是指一个人在履行网络道德义务的过程中表现出来的自觉克服困难和阻碍的心理特征。例如自制、忍耐、刚毅、果断、坚强，或放纵、犹豫、软弱等。它体现出网络道德选择的果断力和实现目的的坚持精神。

(4)网络道德行为过程。网络道德行为是人们在网络道德认知与网络道德情感的推动下产生的涉及网络道德意义的行为。网络道德行为是网络道德的外部表现形态，是个体运用网络道德认知做出判断并在内心进行复杂的动机冲突而形成的相应的网络行动计划。网络道德行为的变化和发展，实际上是个体的网络道德认知、网络道德情感与网络道德意志的综合体现。

2. 网络道德大学生心理

网络道德大学生心理特征和个性倾向构成的网络道德大学生心理，则是网络道德心理现象中的那些稳定成分，它们制约和调节网络道德心理过程，标志着大学生的特点。

(1)网络道德个性心理特征。这是大学生身上经常稳定地表现出来的网络心理特点。主要表现在网络道德能力、网络道德气质和性格方面。不同的人具有不同的网络道德个性心理特征。网络道德能力主要表现在网络道德生活中的组织能力、定向能力、适应能力、实际操作能力和创造能力，这五种基本能力是一个有机结合的独特的完整结构。网络道德气质与性格则是网络道德个性中最重要的心理特征，涉及大学生网络生活的各个方面，是大学生对网络道德的态度和在网络道德行为方式方面经常出现的比较稳定的习惯性心理特征的总和。

(2)网络道德个性倾向。这是大学生网络道德行为的动机目的性，这种倾向性表现在大学生的网络道德需要、网络道德动机、网络道德理想、网络道德信念和人生观等方面。网络道德需要是一种社会性的精神需要，是大学生在网络社会道德生活过程中逐步获得的高级需要，是推动大学生参加网络道德活动的驱动力。它通常以意向、愿望和动机的形式表现出来，是网络道德活动的基本动力。网络道德动机是在网络道德需要刺激下直接推动人进行网络道德活动以达到一定道德目的的内部动力，属于激励人们参与网络道德活动的心理层面。网络道德信念是网络道德心理结构深层系统的最高核心。道德信念是激起人们长久地、坚定不移地按照自己已经内化的道德意识而进行道德活动的需要，是内心真正接受并自愿为之奋斗的信仰，是深刻的道德认识、炽热的道德情感和顽强的道德意志的有机统一的升华。网络道德心理过程和网络道德个性心理构成一个完整的网络道德内化心理结构。

3. 网络道德心理结构的特点

首先，网络道德心理结构具有稳定性。网络道德心理过程和网络道德个性心理两个过程是相互联系、相互制约的完整统一体。网络道德心理结构一旦形成，就能在一定时期内保持相对的稳定状态，这种稳定性表现为各个要素之间的组合方式在一定时期内保持相对稳定。

其次，网络道德心理结构具有动态性。网络道德心理结构各个要素都经历了由不成熟到成熟的发展过程，而且在不同时期，各个要素的作用与地位并不相同，所以网络道德心理结构又具有动态性。

再次，网络道德心理结构具有层次性。表现为它包含多个系统，系统内又有多个要素，有的要素还包含许多成分，各成分、要素、系统以及要素与系统之间存在着复杂的联系。同时各组成部分之间并不是并列的，有的处于深层结构，有的处于表层结构。每个结构可以在横向上分为若干相互联系、制约而又各自相对独立的成分，在纵向上分为若干等级。

最后，网络道德心理结构存在差异性。网络道德心理结构在个体之间、个体在各个要素的发展上都存在着差异，正是这种差异造成了人们网络道德活动的表现不一样。

三、网络道德心理对大学生心理健康的影响

网络道德心理对大学生心理健康有着直接的重要影响。我们试图作以下分析。

（一）从思想道德与心理的关系看

思想，亦称“观念”，从一般意义上说，思想观念是人脑思想活动的产物或成果，是人们认识的理性阶段，它包括政治、法律、道德、哲学、科技、宗教、艺术等方面。道德是一种观念，相对于其他思想观念来说，道德观念是一定社会为了调整人们之间、个人与

社会之间、个人与社会环境之间以及个人与自然环境之间关系的行为规范的总和。道德强调自觉履行，这是它与其他社会意识形态的明显区别。道德观念反映在个体身上，是指道德品质，也称为品德。思想道德和心理是有区别的，主要表现在以下两个方面。首先，两者的内涵不同。思想道德属于理性认识，而心理既包括感性认识，又包括理性认识，还包括情绪、意志等过程。其次，两者的表现形式不同。思想道德主要以“观念”形式表现，如世界观、人生观、价值观等，属于社会意识形态范畴；而心理的表现形式有感觉、知觉、注意、情绪、情感、兴趣、性格等，是个体在生理基础上的心理精神状况，不属于社会意识形态范畴。

思想道德和心理都是人脑的机能，是人对客观现实主观能动的反映。因此，二者又有着密切的相关性。

首先，从思想道德的形成来看，心理是思想道德形成的基础，思想道德又是心理发展的升华。人们在实践基础上对客观物质世界的认识是一个过程，这个过程中首先获得的是感觉，通过经验积累发展为知觉。感知信息在人头脑中形成印象，保存下来并能在必要时复现出来即是记忆。这些都是人的心理活动，是人的感性的认识，还未上升到人的思想。待这些心理材料不断得到丰富、完善，达到一定程度，便进行心理思维的加工，其结果形成人们的思想道德，从而达到对客观事物的本质和规律的认识。在这一从感觉到思想道德的转化过程中，还必须有人的感情渗透和意识的参与，否则也无法完成这一转化。可见，心理是思想道德形成的前提，没有这个前提就无法也不可能产生思想；思想道德是心理的升华，没有这个升华，心理将失去存在的价值和意义。其次，从心理的发展来看，心理是思想道德稳定的基础，思想道德又是心理发展调节的中枢。合理的认识结构、良好的情感体验、坚强的意志品质，这些心理因素都是养育正确思想道德的沃土。相反，如果认知是扭曲的、意识薄弱、人格平庸，那么所形成的思想就会随波逐流，理想、信念就会摇摆不定，人生观、价值观的大厦就要趋于崩溃。同时，思想道德又对心理有支配和调节作用。思想道德必须也一定能够控制认知的活动；驾驭情感的起伏变化程度与方向；调整动机目标的确定和意志的指向。所以，思想道德对于心理来说有着调节中枢的地位和作用。如果心理脱离了正确思想道德的支配，那就会失去方向而误入歧途。

再次，从心理、思想道德、行动三者的关系来看，思想道德是行动的指导，心理是思想道德转化为行动的桥梁。思想道德离不开心理因素的支持，心理活动也离不开思想道德的主导，在正确思想道德支配下的心理活动，才具有方向性、自觉性和有效性。

（二）从健康的新概念和心理健康的标准看

1989 年世界卫生组织（WHO）提出了健康的新概念：“一个人只有在躯体健康、心理健康、社会适应良好和道德健康四个方面都健全,才算是完全健康的人。”将“道德健康”纳入健康范畴是世界卫生组织对健康概念的新发展。一般认为,道德健康的内涵主要包括四个方面:“不以损害他人利益来满足自己的需要;有辨别真伪、善恶、荣辱、美丑等是非观念;能按社会认为规范的准则约束支配自己的言行;能为人们的幸福作贡献。”“不以损害他人的利益来满足自己的需要”为我们划出了道德健康的底线——利己不损人。“有辨别真伪、善恶、荣辱、美丑等是非观念”是个体道德健康的基本条件之一,主要体现了道德认知与道德情感的内容。“能按社会认为规范的准则约束支配自己的言行”主要是从道德意志与道德行为两个方面来界定个体道德健康的。“能为人们的幸福作贡献”则是道德健康的较高层次。

无论是奥尔波特“成熟的人”的心理健康标准、马斯洛“自我实现的人”的心理健康标准,还是罗杰斯“功能充分发挥的人”的心理健康标准、弗洛姆的“创发性的人”的心理健康标准,它们都有一个共同的特点,即人首先是一个具有一定伦理道德的人。尽管几位心理学大师对道德健康的内涵的界定存在不同程度的区别,但就心理健康与伦理道德不可分割这一点而言,几位心理学大师取得了惊人的共识。

(三)从世界心理健康研究取向和心理疾病发生的道德因素看

根据联合国教科文组织出版的《社会科学和人文科学研究主要趋势》一书中的概括,心理健康及其教育的研究,从20世纪50年代开始,即已经以“生理—心理—社会”为取向。1961年,世界心理健康联合会(WFMH)在修改后的新纲领中提出的心理健康及其教育的任务为:“在生物学、医学、教育学和社会学等最为广泛的方面,使居民的心理健康达到尽可能高的水平。”这种“生理—心理—社会”模式的确立,说明心理健康与生理、心理、社会因素息息相关。具体来说,生物因素包括遗传素质、体质状况、神经类型、生理变化和免疫特征等;心理因素包括认知、情感、人格特征、行为习惯、个体生活经验、价值观和信念等;社会因素包括政治制度、社会文化、经济状况、人际关系、社会地位和教育等。显然,上述心理因素中所包含的认知、人格特征、价值观和信念等与个人的道德有密切的关系,而价值观和信念本身就是个人道德的组成部分。心理健康与个人道德是不能分开的。

弗罗姆在探讨人的心理健康时从未将其与伦理道德相分离。在《自为的人》一书中,弗罗姆写道:“心理健康和神经病的问题与伦理学问题有密不可分的关系。可以说,每一种神经病都代表着一个道德问题。未能实现整个人格的成熟和完整是人道主义伦理学意义上的缺乏道德。更具体地说,许多神经病是道德问题的表现,神经病症状是未能解决道德冲突的结果。”罗洛·梅是美国存在主义心理学创立者,他通过对社会现实的考察与分析,认为现代社会人们普遍的心理问题是焦虑。在《焦虑的意义》一书中,罗洛·梅把焦虑看作“由于个体的人格及存在的基本价值受到威胁时所产生的忧虑”,他之后又在《人寻求自我》一书中进一步将焦虑定义为“人类对威胁其存在或威胁使他与其存在相认同的某种价值的基本反应”。在罗洛·梅看来,现代人正是由于丧失了价值观与道德感才患上焦虑性神经症的。

(四)从大学生网络心理现状看

大学生网络心理健康状况堪忧,很多网络心理问题都与网络道德心理不良有关,我们将在下节中具体论述。

第二节　大学生网络道德心理的现状

网络是把　“双刃剑”,在丰富大学生道德认知、拓展大学生人际交往与情绪调节的渠道的同时,也导致有些大学生网络道德认知紊乱、道德情感变异、人际关系疏远、网络道德意志薄弱,甚至发生一些网络道德失范行为。研究大学生网络道德心理的现状,才能有针对性地进行大学生网络道德教育,提升大学生网络道德心理素质。

一、大学生网络道德认知心理

(一)网络社会丰富了大学生的道德认知

互联网有利于大学生主体性的提升。在道德领域,人的主体性是一切道德活动的内在依据。由于网络传播的自由性、开放性、多极主体性,大学生既可以是受众又可以是传播者。在网络这个没有权威和束缚的虚拟世界里,大学生的天性和自主意识得到了更多展示,他们可以适应时代展现自我,这是有助于大学生道德认知健康发展的。

互联网有利于大学生遨游网络探索真知。网上信息内容的丰富性、信息传输的快捷性和集声音、文字、图像于一体的超文本功能,使大学生可以不出门便览尽天下事,丰富知识,拓宽视野。他们可以自由地根据自己的兴趣爱好或就某一热点和疑点问题与其他网民,包括不同民族、不同地区的人进行跨地区沟通与交流,感受多种异质文明的洗礼。大学生作为一个特殊的社会群体,他们接受新事物、新观念、新知识的能力较强。网络对大学生获取道德资源有着积极的促进作用,极大地丰富了大学生的道德认知。

同时,网络创造的知识和高科技魅力强烈激发了大学生的求知欲和探索欲,提高了他们学习的积极性和主动性,激发了他们追求科学的精神。网络具备的思想表达的自由性、资源共享的平等性、信息结构的非中心性等特点,可以激发大学生养成平等意识、包容意识和开放精神。网络的发展促进了人的创造意识的增强和创造潜能的发挥,可以激发大学生的灵感,培养他们的拓展创新精神,这些都有利于大学生道德认知的健康发展。

(二)有些大学生网络道德认知紊乱

然而,网络的开放性和全球性带来信息流量和流向的不平等,使得一些西方发达的资本主义国家可以趁机利用信息资料的垄断优势,传播其意识形态和文化信仰,特别是向我国大学生传播一些错误的思潮,传输其政治、价值观念和文化道德。各种社会思潮和最新观念猛烈冲击着我国大学生的价值观,导致大学生的价值取向呈现双重或多元价值标准并存的局面,使我们国家所倡导的道德观念仅仅成为人们众多道德选择的一种。社会主流道德规范的支配性作用被削弱,造成道德评价的混乱,也必然导致大学生道德价值取向紊乱、社会责任淡化、道德选择迷惘。

有些大学生认为黑客行为并不违背道德,只要不是蓄意破坏,正是展示自己高超技术、实现自我价值的行为;有些学生认为网上聊天谁也看不见谁,互相欺骗是很正常的;对于不文明语言,有些大学生认为在网上可以使用,但在现实中不可以使用;等等。这些都是大学生社会道德的判断能力被削弱,做出错误的道德选择,导致网络道德认知混乱的表现。

二、大学生的网络道德情感与意志

(一)网络拓展了大学生人际交往与情绪调节的渠道

网络为大学生人际交往提供了便利条件。随着网络技术的发展,网上人际交往的方式已发展到可以将一条包括文字、声音、图像的信息同时发送给许多接收者和互动性极强的聊天室。大学生无论有何种爱好都能在网上找到知音，并可以很方便地加入任何感兴趣的话题的讨论中。不少大学生认为网络给他们带来了友谊和爱情。网络也深化了大学生人际交往的层次。这种新型的网络人际交往和传统的人与人的直接交往不同。在网上，交往双方因互不相识且没有利益冲突，更容易产生相互信任，体现心灵的完全自我暴露，从而将交往升华到较高层次，形成全面的社会交往和社会活动能力，造成个人社会关系的高度丰富。网络交往的间接性和隐蔽性的特点，使得在现实生活中怯于与人交往的大学生可以抛开现实生活中人际交往里的各种顾虑，自信地与网友进行平等交往，积累交往的成功经验，再投入到现实的人际交往中。

网络还极大丰富了大学生的课余生活和娱乐生活，拓展了大学生情绪调节的渠道。现代社会是一个高速运转的时代，大学生的学业压力、就业压力、生活压力经常使他们感到很疲倦，或单一枯燥，或焦虑郁闷。他们可以利用网络来调节自己的生活，宣泄自己的情绪，达到情绪调节的目的。

（二）有些大学生道德情感变异人际关系疏远

有些大学生网络道德情感的变异表现为民族情感弱化。由于网络文化的多元性、全球性，大学生在网上接触到的西方发达国家的思想文化、政治观点、伦理观念，都对大学生产生着潜移默化的影响，导致部分大学生忽略了本民族的优秀品质，弱化了自己的民族意识和民族情感，使原本的民族文化中有价值的主流意识形态倾向也慢慢被消解或同化，以致大学生的民族认同感降低，民族身份逐渐模糊。

有些大学生网络道德情感的变异还表现为道德情感冷漠。在“人机交往”这样一个相对封闭的网络环境里，人与人之间面对面的直接交往机会大为减少，人们终日与个人终端打交道，整天沉溺于“网络社会”中而不能自拔，在很大程度上失去了与他人、与社会接触的机会，人们的网络道德情感很容易发生变异，个体可能产生紧张、孤僻、冷漠等非社会化倾向，并对现实生活中的他人与社会漠不关心。有些大学生道德情感淡漠，缺乏对别人的尊重，缺乏承担义务和责任的社会责任感，缺乏足够的同情心。同时也缺乏对自己的充分尊重，在网上做了不道德的事情却一点儿也不感到羞耻。

网络给人创造了一种虚拟的交友天地，导致有些大学生在现实中人际关系疏远，人际交往能力下降，并产生新的人际交往障碍。部分大学生以“人机交往”替代现实的“人际交往”，在这种环境里体验着一种虚拟的情感，沉醉于一种虚拟的满足之中。过多的网上交往也必然会疏离现实生活中人与人的关系，导致不少“网上社交高手，网下孤家寡人”的现象的出现。有些学生处理不好与室友、同学甚至老师的关系，表现出不同程度的现实交往障碍。

(三)有些大学生网络道德意志薄弱

大学生正处于人成长过程中的“心理断乳期”,当他们在学习生活方面遭遇挫折时,就利用网络进行QQ聊天、发泄情绪、排遣抑郁,或沉溺于网络游戏中不能自拔,久而久之,形成对网络的过度依赖,进而导致心理性异常症状以及伴随的一系列生理性不适,终成网络成瘾症。不少大学生缺乏自主性和自律性,表现出网络道德意志的薄弱,形成对网络的过度依赖和迷恋。网络迷恋在伤害着大学生的心理和身体健康的同时,也瓦解了他们的意志品质。有些大学生在接触网络后就会因为网络世界的虚拟性而放纵自己,浏览黄色网站,散布消极信息。有些大学生高度迷恋网络,不能自拔。他们一上网便精神极度亢奋,行为不受控制,既消磨了意志力,也荒废了学业。特别是当他们意识到自己的失控时,便产生了自责、懊悔的情绪,但由于无力自拔,随更加放纵自己以摆脱现实。甚至人格发展错位,常常表现出与社会现实不同的虚拟人格,导致人格虚伪,甚至造成人格分裂。

网络社会已不是传统社会的“熟人社会”。在“熟人社会”里,依靠“熟人”的监督,大学生的道德意志较强,道德行为相对严谨。但在网络社会这个虚拟社会里,由“熟人”的关注、舆论、情感等组成的道德防线很容易被突破,这在客观上也容易导致某些大学生网络道德意志弱化。

三、大学生网络道德失范行为

网络道德行为是人们在网络上由网络道德动机指导下的行为表现。网络道德行为失范的过程是网络道德认识紊乱、网络道德情感沦丧、网络道德意志瓦解的必然外在表现,它特指人们在使用网络过程中表现出的行为有违理性,不符合道德和法律规范的要求。

(一)大学生网络道德失范行为的主要表现

一是信息污染行为。网络是一个巨大的信息资源库,在这个信息资源库中,各种信息良莠混杂,许多黄、赌、毒信息和反动政治言论在现代技术的包装下形成多样化传播方式并诱惑着大学生,致使一些大学生做出信息污染行为。如滥发商业广告,滥用信息技术制造和传播信息垃圾,发布虚假信息,制造虚假新闻,将包含色情淫秽信息的文字、图片发送到他人信箱,在BBS上恶意“灌水”,甚至创建黄色网站,提供网上色情服务等。

二是侵犯知识产权行为。网络知识产权主要指进入网络或者上网的“工业产权”和“著作权”。基于知识产权的含义和范围，可将网络知识产权定义为著作权人、专利权人、商标权人等智力创造成果权利人在网上对其智力创造成果享有的专有权。大学生随意下载、安装软件，下载、复制粘贴网络文章等行为已成为侵犯知识产权的一种普遍行为。大学生侵犯网络知识产权行为还表现为剽窃、抄袭或购买学术论文。临近大学毕业的大学生在网络上购买学士毕业论文、硕士毕业论文更是近年大学校园中一个公开的秘密。这种现象已不仅仅是某些大学生自甘堕落的行为表现，更反映的是学术道德问题，意味着学术精神在大学生群体中的沦丧。

三是网络偷盗与欺诈行为。盗窃者利用网络技术非法进入其他机构或个人计算机，窃取其信息数据，这些信息数据或用于商业竞争，或用于非法讹诈，或仅仅是恶意制造混乱。

四是网络造谣诽谤行为。如人为地编造虚假信息对他人进行诽谤。诽谤者出于各种目的，向各电子信箱、公告板发送粘贴有人身攻击性的文章或谣言。更有恶劣者，利用各种图像处理软件将攻击目标的头像与某些黄色图片进行人像合成，形成所谓的“写真照”并加以散发。部分高校的 BBS 论坛也常常被少数大学生用来发泄私愤、漫骂讥讽教师，对他人进行人格侮辱等。

五是网络黑客不正当行为。即在网络空间中通过不正当的手段窃取计算机网络系统的口令和密码，非法入侵政府、企业、学校或个人的电脑系统，偷阅、篡改或窃取他人机密数据资料，尤其破坏和攻击一些联网企业的信息资料，窃取其重要的科技、财务数据或经济情报，使企业遭受巨大的经济损失的行为。这种行为已不再单单是一种技术行为，而是一种侵害他人或社会利益的不道德行为，甚至是违法犯罪行为。如少数大学生利用他们娴熟的计算机技术，在网上制造和传播网络病毒，蓄意破坏他人网络终端，从而扰乱计算机的正常运行，甚至使计算机瘫痪等。有调查显示，有近 40% 的大学生对网络黑客表示崇拜，更有超 30% 多的大学生表示想有机会尝试一下黑客行为，有 27% 的大学生承认有过入侵机密网页的想法，还有个别学生存在恶意制造病毒、传播病毒的行为。

（二）大学生网络道德失范行为产生的原因

大学生网络道德失范行为的产生，究其原因主要有以下几个方面。

1. 客观方面的原因

第一，网络的特点为网络道德失范行为提供方便。网络活动的最大特点就在于虚拟性。虚拟状态为网上行为提供了安全屏障，交往各方可不受环境制约，交往双方对对方的身份和所传递的各种信息都无法真实确定。由网络虚拟性延伸出来的网络匿名性和网络用户活动的隐蔽性，给人们无所顾忌地随意表达一切和任意发泄提供了可能，这就给不正当、不道德的行为披上了虚拟的外衣。

第二，网络道德教育缺失。网络道德教育是伴随网络社会化出现的新的道德范畴，它应包含哪些道德规范和要求，与一般社会道德规范构成什么关系，从理论到实践都还处于探索过程之中。不论是学校还是家庭、社会，在这方面给予的教育都不多，即使有一些，也由于教育方式单一而缺乏实效性。同时，大学生网络媒介素养的欠缺，导致了良好网络道德情感与坚强网络道德意志的匮乏。而学校和社会都忽视了大学生网络媒介素养的教育与培养。

第三，网络监管不力。通过法律手段管理互联网具有稳定性和合法性，在法律意识浓厚的西方社会已成为互联网管理根本性的、最为重要的手段。美国是世界上拥有互联网法律最多的国家，对互联网进行规范的范畴已经涵盖基础资源管理、国家安全、电子商务、网络犯罪、未成年人上网保护、个人隐私、知识产权保护、垃圾邮件等几乎各个互联网领域，代表性的法律包括《电信法》《互联网免税法》《数字千年版权法案》《儿童互联网保护法》等 30 多部。而我国的网络监管不论是在国家的立法、执法层面，还是在社会、学校、家庭监管层面，都是滞后的。

2. 主观方面的原因

主观方面的原因主要包括：大学生心理处于未成熟向成熟发展的时期，道德心理发展也不完善。大学生网络道德失范行为的产生常常是由以下几种心理促成的。

一是猎奇的心理。积极探索未知世界是年轻人天然的心理倾向，由于大学生心理未完全成熟，鉴别能力不强，对一些不健康的未知网站常常抱着试试看的心态去浏览，结果陷入其中难以自拔。

二是宣泄的心理。大学生经历十几年的寒窗苦读，期间学习压力大，精神处于长期紧张状态，加上生理和心理都尚未发育成熟，惶惑、烦躁、苦恼、迷茫等情绪经常伴随他们，要通过一定的方式发泄，网络无疑是较为方便的途径。

三是好胜的心理。青年学生年少气盛，在掌握了相当的计算机技术后，已不再满足于打游戏或上网聊天，强烈的炫耀心理促使他们伸出“黑手”，窃取信息，散布病毒，袭击网站。他们当中有些人是出于挑战个人智力，有些人仅仅是为搞恶作剧，这些都是受好胜心理的驱使。

四是侥幸心理。由于我国网络道德体系尚处于建构和规范之中，网络法律法规还很不完善，一些大学生在网络上放任自己，认为偶尔做点违背道德的事也无人知晓，这就是受侥幸心理影响的结果。

造成大学生网络道德行为失范的各种原因是客观存在的，也是不能完全避免的。这一严峻问题不仅会影响他们的健康成长，而且会造成网络环境的污染和网络秩序的混乱，导致网络不文明行为蔓延，影响我国网络事业的健康发展，对社会的发展也会产生消极的影响。因此，我们必须重视这一问题，加强大学生网络道德和媒介素养教育，实行多方面共同管理，提升大学生的网络道德心理素质。

第三节　提升大学生网络道德心理素质

提升大学生网络道德心理素质，必须进行网络道德教育，深化大学生的网络道德认知；提高网络媒介素养，培养大学生的网络道德情感与意志；将自律与监督相结合，规范大学生的网络道德行为。

一、进行网络道德教育深化网络道德认知

大学生网络道德心理问题产生的一个很重要的原因是网络道德认知混乱，因此，网络道德教育急待加强。作为一种正在形成过程中的规范体系，网络道德规范远没有现实道德规范那样完善，因此，进行网络道德教育，深化网络道德认知，就是要让大学生懂得一些基础性或一般性的网络道德规范要求。

在网络发源地美国，一些计算机组织和专家学者提出了一些相关的规范原则。如美国学者理查德 · A. 斯皮内洛提出的“自由”“无害”“知情同意”的“三原则”；埃瑟 · 戴森提出的“参与”“认同”“公开”“奉献”“理性”“协调”的“六条规范”；美国计算机伦理协会为计算机伦理学制定的“十条戒律”和美国计算机协会提出的“八条伦理要求”等。我国学者严耕、陆俊等人在其专著《网络伦理》一书中提出了网络道德的“四原则”，即“全民原则”“兼容原则”“互惠原则”和“自由原则”。他们指出，由于网络的一个基本特征是它打破地域和民族界限并把世界联成一个“网络共同体”。因

此，制定和提出网络道德基本规范必须具备“普遍有效性”的特点。我国在《青少年网络文明公约》中提倡：“要善于网上学习，不浏览不良信息；要诚实友好交流，不侮辱欺诈他人；要增强自护意识，不随意约会网友；要维护网络安全，不破坏网络秩序；要有益身心健康，不沉溺虚拟时空。”

我们认为网络道德规范，既要很好地吸收和借鉴已有的且已见成效的成果，也要研究网络的发展趋势，提出更贴近社会、贴近生活实际、贴近大学生的网络道德规范。根据国家对公民最基本的道德要求，即“公民基本道德规范”和“社会公德”要求，网络道德的基本规范应主要包括以下内容：

（一）爱国守法

这是网络政治生活中最基本的道德要求。

“爱国”是每个国家现实社会中人们必须遵守的道德原则，在“网络社会”中也不能例外。网络的开放性特征决定网络世界应该能够让不同文化处于同等的地位。但美国利用其强大的网络技术优势，推行“信息殖民化”政策，企图把世界各地的信息化建设纳入美国总体抑制之中，使自身能够在国际上扮演霸主角色。法国司法部长让·雅克·图邦认为，以美国文化和英语占主导地位的因特网实际上是一种“新形式的殖民主义”。联合国教科文组织总干事莫博依先生指出：“几家实力雄厚的跨国公司在信息网络上的称霸程度已经接近于文化侵略。”因此，在网络世界强调“爱国”有着重要的现实意义。

“守法”是维护“网络社会”秩序必要而基本的要求。网络的隐秘性特征使人们的网络行为更自由和随意，如果没有一定的规范对其加以引导和调节，网络社会生活就很容易陷入混乱和无序。规范人们网络行为的基本法律就是计算机网络相关的法律法规。《中国公用计算机互联网国际联网管理办法》规定，任何用户（个人、法人和其他组织）都不得利用计算机国际联网从事危害国家安全、泄漏国家秘密等犯罪活动，不得利用计算机国际联网查阅、复制、制造和传播危害国家安全、妨碍社会治安和淫秽色情的信息，不得利用计算机国际联网从事危害他人信息系统和网络安全、侵犯他人合法权益的活动。这些法律法规能够强制规范人们的行为，维护网络社会的秩序。

（二）诚信无害

这是网络经济社会生活中最基本的道德要求。

网络经济社会生活要求人们“诚信”。网络的日益普及和其交互性、即时性、跨地域性、非实体化、虚拟化等特点，使得人们有了一个相对自由得多、方便得多的“自由时空”。但同时，现实经济社会生活中大家十分熟悉、一致认可的某些“游戏规则”在网络经济生活中失去了效力。欺骗、不讲信用，将使网络经济社会生活更加混乱。因此，我们更要求人们讲究网络诚信。要诚实友好交流，不侮辱欺诈他人。

“无害”强调的是，人们不应该利用计算机和信息技术给他人造成直接或间接的伤害。一般来说，“无害”包含以下几个方面的基本要求：一是不损害公共的以及他人的网络自由和利益，包括个人隐私和名誉等；二是不设置影响网络信息交流的障碍，当然必要的为维护信息安全而设的防火墙技术与加密技术除外；三是不传播不良信息，包括淫秽内容、不负责任的言论等。

（三）文明友善

这是网络文化生活和人际交往中最基本的道德要求。

“文明”要求在网上传播的内容和传播的方式都是文明的。传播的内容要科学、健康、高雅，不要散布迷信、不健康、低俗的内容。传播的方式也要文明有礼。

“友善”是网络人际交往中最基本的道德要求。应该包括以下几个方面的要求：一是平等公正，这是形成网民间友善共处的基础；二是互惠互利；三是避免不必要的纷争以减少彼此间的伤害；四是要尊重包括版权和专利权在内的财产权和知识产权；五是要尊重他人的隐私，保守秘密。

（四）自律自护

这是网络个人生活中最基本的道德要求。

“自律”是由网络道德自主性的特点决定的。网络是一个没有权威、没有统治、人与人之间彼此隐匿的空间，任何人都可以在这个环境中尽情地展现自己，宣泄自己，不需要任何顾虑。网络道德因此体现出明显的自主性。道德的监督机制和惩罚机制在网络中很难产生，调整网络关系的网络道德主要依靠网民们的内心自觉信念和主体意识，特别是权利、责任与义务意识的觉醒，即网民自律意识，自主自愿地按网络道德的要求进行网络活动。

“自护”也是网络个人生活中必要的道德要求。网络是一个丰富多彩、吸引力极强的世界，可让网民任意遨游，但是网民们也必须学会自我保护，要有自我控制力，上网工作、学习、娱乐要注意保护身心健康，不要沉溺虚拟时空。

网络道德教育应坚持社会教育、学校教育与自我教育相结合，线上教育与线下教育相配合，着重培养大学生的网络社会善恶辨别能力和网络道德自律意识。

二、提高网络媒介素养培养网络道德情感与意志

麦克卢汉在1967年出版的《媒介即信息》一书中指出："媒介是人体的延伸。"一切传播媒介都在彻底地改造我们。它们在私人生活、政治、美学、道德、心理和社会各方面的影响是如此普及深入，以至于我们的一切与之接触便受其影响和改变。媒介素养(media literacy)指人们面对各种媒介信息时的选择能力、理解能力、质疑能力、评估能力、创造和制造能力以及思辨的反应能力。网络媒介素养特指在网络环境下的媒介素养。学术界对其定义说法不一，对其内涵的理解各有侧重，一般认为：网络媒介素养不仅指网民在技术层面对网络的认知、操作、创造的能力，更强调在意识形态层面对网络的批判和创新精神，以及网络道德责任意识。大学生网络道德心理问题产生的一个重要原因是大学生网络媒介素养欠缺，缺乏良好的网络道德情感与坚强的网络道德意志。提高网络媒介素养，培养大学生良好的网络道德情感与坚强的网络道德意志，十分必要。

(一)要提高大学生准确认识网络媒介及传播环境的能力

网络作为媒介首先给我们这个时代提供了最快捷、最便利的信息传播方式；其次，通过网络建立起来的传播平台不断被开发出来，如BBS、QQ、WeChat博客、播客等，大大拓宽了传播的广度和深度；再次，网络成为人们相互交流、共同畅游的虚拟生存空间，它改变了我们的工作方式、学习方式、娱乐方式和思维方式。总之，网络改变了我们的社会和我们的生活，已成为人类的"第二生存环境"。网络所构建的"第二生存环境"具有虚拟性，但这一虚拟并非虚幻，因为它是真真切切存在的，这个存在会侵蚀我们的日常生活甚至取而代之。所以，与网络有着密切接触的当代大学生对网络媒介及其所构建的传播环境的认知必须上升到与对人类的现实生存环境的认知同等重要的高度。网络环境虽然不具有如同现实世界那样的外在可感知的客观实在性，但它仍具有功能上的客观有效性。大学生在网络上的一言一行都需严肃对待，共同维护网络的和谐健康发展。

(二)要提高大学生有效获取利用与客观分析批判网络信息的能力

当前，网络已经成为人类最大的信息资源库，内容无所不包，交互网络技术使得信息的生成和发布更为多样。对于大学生来说，信息传播环境与传播方式的变革也要求他们不断提高自身获取与利用网络信息资源的能力。网络信息越丰富，对信息检索工

具的依赖性就越强。据相关调查发现,大学生在获取网络信息资源的相关技能方面,仅有8%的学生接受过相关知识的培训,剩余92%的学生则没有受过任何相关知识的培训;有78%的学生认为自己的网络信息获取能力一般,认为较差的占22%,认为很好的为零。在信息全球化的今天,培养大学生以“网络信息搜索能力”为基础的学习能力,是未来教育的一个重要目标,也是网络媒介素养教育的重要内容。

网络时代信息传播渠道开放,传播主体增多,交互功能强大、“去中心化”的网络特质使得网络信息变得异常复杂,信息内容质量参差不齐,大量信息垃圾和黄色、暴力等危害性信息充斥其中。大学生好奇心重,自控能力不足,容易受到网络不良信息的影响。因此,大学生只有具备网络信息的分析判断及批判能力,才能在网络空间保持良好的道德情感和意志,取其精华去其糟粕。分析批判能力的形成有赖于大学生内省的习惯与独立思考精神,需加强他们对各种传播主体与传播模式的认识,促进他们理解信息、媒介与人的关系,理解对媒介与传播产生影响的各种因素等。

(三)要提高大学生恰当应用网络技术理性参与网络信息生产及传播的能力

网络媒介对于使用者的技术能力要求是较高的,大学生必须具备一定的网络操作技能,这是网络媒介素养的基础。但是掌握了技术,并不必然意味着大学生能够对网络进行恰当地运用。就技术层面来讲,网络只是一个中性的工具,由它产生的正面或负面的功能都取决于网络操作者。对于世界观、人生观和价值观尚处于形成时期的大学生而言,主宰网络领域的各种信息是非常有难度,产生对网络的依赖和滥用、误用网络却是非常容易的。如大学生运用网络技术攻击网络系统,在网上实施危害社会的犯罪行为,因网络成瘾导致学业中断等。因此,合理、合法使用网络,是大学生基本的网络应用素养。

网络突破了传统媒体信息传播的障碍,带来充分的参与自由,其虚拟性、隐蔽性、匿名性等特点,又在一定程度上降低了参与的成本和风险,激发了大学生参与传播的热忱。大学生的道德实践能力和自律能力发生偏离,“网络恶搞”“人肉搜索”“网络脏口”等大行其道,在参与社会公共事务讨论中,盲目从众、情绪化的言论比比皆是,这使得大学生作为网络信息传播者的素养亟须加强。这种素养主要表现为以负责任的、理性的态度发布网络信息和言论。要具备社会责任意识,以建设性态度参与信息传播。对信息的真实性做出把关,对自己所发布信息的社会影响进行评估,避免对他人权利的侵害和对社会公共利益的危害。在传递信息及网络交往等活动中,思考自己应该承担的道德义务和社会责任,遵守法律制度和规范。

(四)要提高大学生适度应用网络各类娱乐服务功能的能力

网络的娱乐服务功能尤其受到大学生们的青睐。有相关调查显示,大学生使用互联网的主要用途依次为:搜集资料查询信息(81.20%)、与熟人联络(72.20%)、娱乐休闲(68.60%)、了解时事新闻(56.40%)、消磨时间(25%)、接受网上教育(17%)、结交新朋友(12.60%)等。有66.30%的学生平均每天的上网时间超过3小时。可见,大学生使用网络媒体的动机主要是查找资料、娱乐休闲和人际沟通,学习没有成为其主要动机目的和内容。因此,提高大学生适度应用网络各类娱乐服务功能的能力是至关重要的。大学生应该自觉利用网络开阔视野、丰富知识,不要把大量的时间耗费在网络娱乐休闲之中。

三、自律与监督相结合规范网络道德行为

自律不强与监督不力是大学生网络道德心理问题产生和网络道德行为失范的重要原因。因此,必须将自律与监督相结合,规范大学生网络道德行为。

(一)加强自律以规范网络道德行为

传统的道德调节监督是通过传统习俗、社会舆论、内心信念来维系的,但是网络的匿名性和数字化等特征,使人们难以觉察到社会舆论监督机制的存在,导致传统习俗、社会监督对网络道德主体行为的调控作用减弱。人的行为主要依靠个人的道德自觉和内心信念来维系,网络道德调节力量的源泉主要来自行为主体内部,依靠个体的道德自律。

道德自律指道德主体借助于对自然和社会规律的认识,以及对现实生活条件的认识,自愿地认同社会道德规范,并结合个人的实际情况践行道德规范,从而把被动的服从变为主动的律己,把外部的道德要求变为自己内在良心的自主行动。网络主体的道德自律主要是指网络主体自愿认同网络规范,自觉地以网络道德意识对网上行为进行自我约束、自我保护、自我调节、自我完善。

加强自律以规范网络道德行为,要求大学生在道德意识层面树立主体意识、责任意识、规范意识。网络对人的道德主体性的影响是双重的。有利的一面是可以唤醒网络主体的道德意识,培养网络主体的道德判断、道德推理、道德选择能力和道德践履能力;不利的一面是网络所带来对自我认同感的破坏等问题制约着人的主体性发展,甚至导致网络主体的异化。大学生应借助网络增强自身的道德主体性。责任意识是主

体对自身所担负的义务、职责、使命的意识，它是主体自主地从事道德活动的内在动力。大学生在选择和决定做出网络行为时，应该考虑并承担相应的道德责任；在享受网络带来便利的同时，应该主动承担起对他人和社会应尽的义务；在遇到个人利益与整体利益发生冲突时，应让个人利益服从于整体利益。要树立规范意识。为维护网络社会的健康有序发展，为形成和谐的网络伦理关系，无论何种网络行为都必须遵守一定的"游戏规则"，大学生应提高网络规范意识。

加强自律以规范网络道德行为，要求大学生在道德实践层面不断进行自我约束、自我保护、自我调适和自我完善。首先是自我约束。大学生进入网络空间后，要自觉遵守网络道德要求，约束自己不恰当的欲望和情感，对自己的行为有一定的限制，做到线上线下一个样。其次是自我保护。网络信息良莠不齐、真假难辨、是非难断，大学生要培养较强的信息识别能力和信息免疫能力，避免在不知情的情况下掉进"网络陷阱"。再次是自我调适。一些社会学家和心理学家已经提出了许多自律性的行为指南和治疗方法，针对"网络沉溺""网络孤独""信息强迫症"等网络疾病，从生理和心理上给予自我调适的方法与建议。如维吉里亚·谢(Virgnia Shea)的"网际自我行为的十条指南"，戴维·申克的"回归有意义的生活"的一系列治疗方法，以及内省法、对话法和其他心理咨询与心理治疗方法等。最后是自我完善。大学生应在网络道德实践中不断进行自我教育、自我修养，形成良好的网络道德人格，以促进自身全面发展。只有通过不断的自我完善，才能培养出对网络道德的真情实感，才能锻炼出坚强的网络道德意志，才能最终养成良好的网络行为习惯。当网络道德行为成为大学生自觉自愿并持之以恒的行为习惯时，网络道德自律便实现了。

(二)加强监督以规范网络道德行为

如前所述，虽然网络主体的网络道德行为主要依靠道德自律。但是仅仅依靠道德良心和自律，对于建设有效的网络道德体系是不够的，必须加强网络道德的社会调节和他律。《公民道德建设实施纲要》中指出："坚持道德教育与社会管理相配合。……逐步完善道德教育与社会管理、自律与他律相互补充和促进的运行机制，综合运用教育、法律、行政、舆论等手段，更有效地引导人们的思想，规范人们的行为。"网络主体的道德自律对维护网络秩序、形成和谐的网络伦理关系有着独特的意义，但同样需要与网络道德教育、法律约束、技术调控、社会赏罚等手段相辅相成、共同作用才能发挥其有效性。同时要求社会、学校、家庭、同学之间共同实施监督，以规范大学生的网络道德行为。

一是网络道德教育。道德教育是加强道德建设的重要环节，是道德活动的重要形式，也是培养理想道德素质、调节社会行为、形成良好社会舆论和社会风气的重要手段。网络道德教育应坚持社会教育、学校教育与自我教育相结合，线上教育与线下教育相配合，着重培养大学生的网络社会善恶辨别能力和道德自律意识。这在前面已作详细论述。

二是法律约束。我国近年来加快了互联网法律法规和政策的制定步伐。1996 年 2 月 1 日，国务院颁布了《中华人民共和国计算机信息网络国际联网管理暂行规定》，拉开了互联网法制建设的序幕。此后，《互联网信息服务管理办法》《互联网站从事登载新闻业务管理暂行规定》《互联网电子公告服务管理规定》《互联网上网服务营业场所管理办法》等法规陆续颁布。随后也针对国内首例破坏计算机信息系统案、全国首例电脑黑客操纵股票价格案等严重网络违法犯罪案件予以依法审理，有效地惩治了网络主体的违法犯罪行为，对广大网民起到了很好的警示作用，初步显示了我国“依法治网”的成效。

三是技术调控。网络自律技术，主要是指分级过滤技术这一类的网络安全技术手段，通过网络自律技术，对网络空间中的不良信息进行分级与过滤，帮助用户控制登录后应该显示的和不应该显示的信息内容，从而提供较好的实现道德内化的外部环境。这种外在限制实际上是利用各种现代化的信息技术手段，对信息传播主体发送到公共信息通道的信息进行过滤，消除其中的某些不道德因素，强制性地将信息传播自由权利的行为限制在道德范围之内。这种道德限制的主要功能是信息过滤，因此又可将其称为技术上的“道德过滤”。

四是社会赏罚。道德的惩罚与制裁是引导个人行为成为道德行为的理由或者力量，是维系道德原则、道德规范的重要手段。在当前网络道德水平还普遍不高的情况下，网络道德的内在自律必须与外部的道德惩罚与制裁相结合。社会赏罚是社会组织根据其价值标准和一定的组织形式对其社会成员履行社会义务的不同表现及其行为后果，以物化、量化的形式给予行为优良者以物质或精神的奖励，给予行为不良者以制裁的一种道德的社会调节方式。通过罚款等经济手段对网络主体中不道德行为者进行利益制裁，可以使其记取教训，改过向善。如 2000 年 7 月 31 日晚上，广东省佛山市人民广播电台的网站上有人以 Sufen 的名义用粗话侮辱别人，时间长达一个小时之久，后来警方根据计算机的 IP 地址找到骂人者所在的单位，并对该单位提出了警告和处以人民币 5 000 元的处罚，这是国内首例网上骂人被罚案。行政赏罚也很重要，即把网络道德要求和行政措施联系起来。如行政主管部门设立一些举报热线，一旦网络主体发现他们认为非法的或者有害的信息后，可以通过电子邮件、热线电话、传真等方式进行举报，行政主管部门接到举报后，或通知内容提供者，或通知有关执法机关，展开调查并采取行动，处罚网络违法或道德失范行为，奖励重大案件举报行为。热线制度实际上是一种用户反馈和监督机制。

五是社会、学校、家庭、同学之间共同监督。社会、学校、家庭、同学之间监督的主要手段是网络道德评价。网络道德评价是人们依据一定的网络道德准则去衡量自己、他人或者社会的网络道德行为，并对其做出善恶褒贬的道德判断的网络道德活动。网络道德评价的调节作用在于将社会对个体行为的善恶评价传达给行为者本人，从而使行为者明确自己的网络行为是否正当，进而在人们的心中树立起网络行为的道德标准，使人们增强行为实践的道德自觉性，把网络道德的规范和要求化为行为实践的自觉践履，同时促进网络道德主体在内心深处确立强烈的道德责任感，自觉从事网络道德行为。道德评价的作用机制主要是通过社会评价和自我评价两种形式来实现的。网络道德社会评价机制主要是通过社会舆论、传统风俗习惯等来运行。因此社会舆论和传统风俗习惯是网络道德调节系统中社会调节的重要方法。在网络道德调节系统中，它们是道德外在强制作用最主要的形式，其发挥作用的重要前提是舆论的环境和氛围的塑造和引导。社会、学校、家庭、同学之间通过网络道德评价形成一定的网络舆论氛围，起到网络道德监督的作用。

附录 大学生上网时间所占比例的数据统计

互联网对大学生的学习成绩是否有影响，在学术界仍然存在争论。多数学者认为互联网对大学生的学习成绩有负面影响，如王立珍、陆鹏娟、刘鹊等学者均认为大学生上网容易导致学业受损。少数学者认为互联网对大学生的学习成绩没有太大影响，如贾忠田等学者在问卷调查的基础上，认为多数学生上网是为了查阅资料，并能够控制好上网时间，从而推得网络对大学生的学习成绩影响不大的结论。以上两种观点主要通过分析大学生如何使用网络来判断上网是否影响其学习成绩，这样得出的结果难免会有缺陷。基于此，本内容在问卷调查的基础上，直接对大学生上网时间与其学习成绩作相关分析，并检验两者关系的显著性，探究大学生上网时间与其学习成绩的关系。

一、研究设计与资料收集

（一）变量及其测量

本研究探讨的问题是大学生上网时间是否对其学习成绩产生影响；如果有影响，这种影响是正面的，还是负面的；如果有影响，影响程度有多大。大学生上网时间指大学生在一定的时间内通过计算机连接互联网，并在互联网上从事查看信息、搜索资料、发表观点、观看视频、玩游戏等活动所花费的时间。学习成绩指大学生的专业课程成绩，它是衡量大学生专业学习效果的指标。为了便于收集资料和统计分析，本研究用“大学生平均每天上网的时间”来测量“大学生上网时间”，分为较少（0～2 小时）、较多（3～5 小时）、很多（6～15 小时）三个等级；用“课程成绩”来测量“学习成绩”，分为优秀(90～100 分)、良好(80～89 分)、中等(70～79 分)、及格(60～69 分)、不及格(60 分以下)五个等级。考虑到性别、是否为独生子女、性格、年级、专业等个体特征因素也会影响学习成绩,所以把这些因素作为控制变量。

(二)资料收集

本研究采用问卷调查法收集资料,分别选取广西南宁、桂林、柳州的三所高校进行抽样调查。抽样方法采用分层随机抽样,分别在每所高校中随机选取 100 名大学生。抽样步骤:首先,分别在南宁、桂林、柳州随机抽一所高校;其次,在被抽中的高校中,分别随机抽取 4 个院(系);最后,在被抽中的每个院(系)中,分别随机抽取 25 名大学生。在调查中,分别选派有经验的调查员前往调查,每份问卷当天发放、当天收回,以确保调查问卷的质量。总共发放调查问卷 300 份,回收问卷 255 份,回收率 85%;有效问卷 242 份,有效率为 95%。

二、结果与分析

(一)大学生上网时间与课程成绩的相关分析

附表 1 的结果表明,每天上网时间较少的大学生的课程成绩主要集中在“良好”和“中等”这两个层次,共占 88%左右;每天上网时间较多的大学生的课程成绩也集中在“良好”和“中等”这两个层次,共占 85%左右;而每天上网时间很多的大学生的课程成绩集中在“及格”这一层次,比例约占 46%,远远高于每天上网时间较少的大学生在该层次所占的比例。另外,在“良好”和“中等”这两个层次中,上网时间与课程成绩仍显著相关,即每天上网时间很多的大学生的课程成绩在“良好”和“中等”这两个层次所占的比例为 55%左右,远低于每天上网时间较少的大学生在这两个层次所占的比例。以上总体趋势是:每天上网时间较少的大学生在课程成绩方面优于每天上网时间较多或很多的大学生,即大学生每天上网时间与课程成绩相关,大学生每天上网时间越多,课程成绩越低;反之,大学生每天上网时间越少,课程成绩越高($p=0.000$)。

附表 1　上网时间与课程成绩的交互统计及检验(%)

课程成绩	每天上网时间较少	每天上网时间较多	每天上网时间很多
优秀	2.8	0.0	0.0
良好	50.5	35.1	27.3

续表

课程成绩	每天上网时间较少	每天上网时间较多	每天上网时间很多
中等	37.4	49.4	27.3
及格	7.5	11.7	45.5
不及格	1.9	3.9	00.0
(N)	(107)	(77)	(22)
卡方检验×2=30.896　df=8　p=0.000			

注:本文的显著水平为0.05。

导致以上结果的原因至少有三种。一是每天上网时间更多的大学生因为上网而耽误了课程学习,导致课程成绩较低。二是每天上网时间更多的大学生在学习能力等方面不如每天上网时间更少的大学生,其课程成绩较低不是因为上网时间过长,而是其他某些个体特征因素导致。三是以上两种情况兼而有之。其中,第二种原因并不能说明上网时间影响课程成绩的提高。

(二)性别对大学生上网时间与课程成绩相关的影响

控制性别变量后(如附表2),在男性大学生中,上网时间越多,课程成绩越低(p=0.000)。但是,在女性大学生中,上网时间与课程成绩的显著相关性消失了(p=0.812>0.05)。这说明,大学生上网时间与课程成绩的显著相关性只体现在男性大学生当中,在女性大学生中没有体现;女性是影响上网时间与课程成绩显著相关的一个因素。一些研究表明,大学女生的课程成绩总体上比大学男生的课程成绩高,可能是因为大学女生比大学男生学习更努力。

附表2　控制性别变量后的上网时间与课程成绩的交互统计及检验(%)

性别	课程成绩	每天上网时间较少	每天上网时间较多	每天上网时间很多
男	优秀	4.5	0.0	0.0
	良好	43.2	18.2	0.0
	中等	47.7	59.1	38.5
	及格	2.3	15.9	61.5
	不及格	2.3	6.8	0.0
	(N)	(44)	(44)	(13)
卡方检验×2=36.755　df=8　p=0.000				

续表

性别	课程成绩	每天上网时间较少	每天上网时间较多	每天上网时间很多
女	优秀	1.6	0.0	0.0
	良好	55.6	58.1	66.7
	中等	30.2	35.5	11.1
	及格	11.1	6.5	22.2
	不及格	1.6	0.0	0.0
	(N)	(63)	(31)	(9)
卡方检验×2=4.474　df=8　p=0.812				

(三)性格对大学生上网时间与课程成绩相关的影响

控制性格变量后(如附表3),结果表明,无论是好动的大学生,还是文静的大学生,或处于好动与文静之间的大学生,他们的每天上网时间与课程成绩均没有显著相关性(P值均大于0.05)。这说明,性格是影响上网时间与课程成绩显著相关的一个因素,或者说从大学生的上网时间不能直接推论出其课程成绩的高或低,还要看其性格因素。不同性格特征的大学生在学习态度、学习心理等方面可能有较大差异,这些差异导致了大学生课程成绩的不同。

附表3　控制性格变量后的上网时间与课程成绩的交互统计及检验(%)

性格类型	课程成绩	每天上网时间较少	每天上网时间较多	每天上网时间很多
好动的	优秀	3.2	0.0	0.0
	良好	51.6	41.2	16.7
	中等	41.9	47.1	33.3
	及格	3.2	11.8	50.0
	(N)	(31)	(17)	(6)
卡方检验×2=12.294　df=6　p=0.056				
文静的	良好	36.4	18.2	0.0
	中等	54.5	54.5	0.0
	及格	9.1	18.2	100.0
	不及格	0.0	9.1	0.0
	(N)	(11)	(11)	(2)
卡方检验×2=10.327　df=6　p=0.112				

续表

性格类型	课程成绩	每天上网时间较少	每天上网时间较多	每天上网时间很多
好动与文静之间	优秀	3.1	0.0	0.0
	良好	52.3	36.7	35.7
	中等	32.3	49.0	28.6
	及格	9.2	10.2	35.7
	不及格	3.1	4.1	0.0
	(N)	(65)	(49)	(14)
卡方检验×2=13.530　df=8　p=0.095				

(四)是否为独生子女对大学生上网时间与课程成绩相关的影响

控制是否为独生子女这个变量后(如附表4),结果表明,在非独生子女大学生中,上网时间与课程成绩仍显著相关,即大学生每天上网时间越多,课程成绩越低(P=0.000);在独生子女大学生中,上网时间与课程成绩的显著相关性消失了(P=0.863>0.05)。这说明,大学生上网时间与课程成绩的显著相关性只体现在非独生子女大学生当中,在独生子女大学生中没有体现;独生子女是影响上网时间与课程成绩显著相关的一个因素。原因可能是独生子女与非独生子女的教育优势不同。肖富群认为,独生子女比非独生子女有明显的教育优势。独生子女得到父母更多的教育投入(物质方面与精神方面),接受教育的花费更多;上重点学校的比例更高,享有更优质的学校教育资源(硬件和软件)的机会更大,学习成绩可能更好。

附表4　控制是否为独生子女变量后的上网时间与课程成绩的交互统计及检验(%)

	课程成绩	每天上网时间较少	每天上网时间较多	每天上网时间很多
独生子女	优秀	4.8	0.0	0.0
	良好	61.9	63.6	33.3
	中等	23.8	27.3	33.3
	及格	9.5	9.1	33.3
	(N)	(21)	(11)	(3)
卡方检验×2=2.546　df=6　p=0.863				

续表

	课程成绩	每天上网时间较少	每天上网时间较多	每天上网时间很多
非独生子女	优秀	2.3	0.0	0.0
	良好	47.7	30.3	26.3
	中等	40.7	53.0	26.3
非独生子女	及格	7.0	12.1	47.4
	不及格	2.3	4.5	0.0
	(N)	(86)	(66)	(19)
卡方检验×2=28.798　df=8　p=0.000				

(五)年级对大学生上网时间与课程成绩相关的影响

控制年级变量后(如附表5),结果表明,在大四学生中,上网时间与课程成绩仍显著相关,即大学生每天上网时间越多,课程成绩越低(P=0.000)。而在大一、大二、大三的学生中,上网时间与课程成绩的显著相关性消失了(P值均大于0.05)。这说明,大学生上网时间与课程成绩的显著相关性只体现在大四学生当中,在大一、大二、大三的学生中没有体现;大一、大二、大三这三个年级是影响上网时间与课程成绩显著相关的因素。笔者认为,这可能与不同年级大学生的学习态度有关。一般而言,低年级大学生比高年级大学生的学习成绩好,原因可能在于低年级大学生刚刚经历过高考,还保留着高中时期勤奋学习的习惯,对学习还保持着良好态度,但到了大学高年级时,他们放松了专业学习,导致课程成绩较低。

附表5　控制年级变量后的上网时间与课程成绩的交互统计及检验(%)

年级	课程成绩	每天上网时间较少	每天上网时间较多	每天上网时间很多
大一	良好	75.8	90.0	0.0
	中等	18.2	0.0	0.0
	及格	3.0	10.0	0.0
	不及格	3.0	0.0	0.0
	(N)	(33)	(10)	(0)
卡方检验×2=3.120　df=3　p=0.374				

续表

年级	课程成绩	每天上网时间较少	每天上网时间较多	每天上网时间很多
大二	优秀	5.4		
	良好	37.8	25.0	66.7
	中等	37.8	43.8	33.3
大二	及格	16.2	18.8	
	不及格	2.7	12.5	
	(N)	(37)	(16)	(3)
卡方检验×2=5.856 df=8 p=0.663				
大三	优秀	4.2		
	良好	20.8	26.9	25.0
	中等	75.0	57.7	50.0
	及格		11.5	25.0
	不及格		3.8	
	(N)	(24)	(26)	(4)
卡方检验×2=7.292 df=8 p=0.505				
大四	良好	76.9	28.0	33.3
	中等	15.4	64.0	13.3
	及格	7.7	8.0	53.3
	(N)	(13)	(25)	(15)
卡方检验×2=24.626 df=4 p=0.000				

(六)专业对大学生上网时间与课程成绩相关的影响

如附表6,无论是人文社科类专业大学生,还是理工农医类专业大学生,他们的每天上网时间与课程成绩均呈显著相关(P值均小于0.05)。这说明,专业不是影响上网时间与课程成绩显著相关的个体特征因素。

附表6　控制专业变量后的上网时间与课程成绩的交互统计及检验(%)

专业类别	课程成绩	每天上网时间较少	每天上网时间较多	每天上网时间很多
人文社科类专业	良好	46.7	47.2	0.0
	中等	51.1	41.7	50.0
	及格	0.0	8.3	50.0
人文社科类专业	不及格	2.2	2.8	0.0
	(N)	(45)	(36)	(4)
卡方检验×2=18.640　df=6　p=0.005				
	优秀	4.8	0.0	0.0
理工农医类专业	良好	53.2	24.4	33.3
	中等	27.4	56.1	22.2
	及格	12.9	14.6	44.4
	不及格	1.6	4.9	0.0
	(N)	(62)	(41)	(18)
卡方检验×2=24.583　df=8　p=0.002				

三、小结与讨论

综上所述,在未控制个体特征变量的情况下,大学生上网时间与课程成绩显著相关,即不同上网时间的大学生在课程成绩方面有显著差异;但是,在控制某些个体特征变量的条件下,大学生上网时间与课程成绩的显著相关消失了。这说明,大学生上网时间与课程成绩的显著相关是由个体特征变量引起的,他们本身并不存在直接的显著相关关系。导致大学生上网时间与课程成绩显著相关的个体特征变量包括性别、性格、是否为独生子女、年级等四个变量。

参考文献

[1] 胡刚,吴胜兴. 论互联网+教育[M]. 南京:江苏凤凰教育出版社;江苏教育出版社,2017.

[2] 王建中,张军,等. 中国特色大学生心理健康教育[M]. 北京:北京航空航天大学出版社,2015.

[3] 杨鑫悦. 网络时代高校心理健康教育的探索与实现[M]. 沈阳:辽宁大学出版社,2019.

[4] 王建中,宫辉. 大学生心理健康教育研究[M]. 西安:西安交通大学出版社,2016.

[5] 吕斐宜. 高校心理健康教育研究[M]. 武汉:湖北长沙出版集团;湖北人民出版社,2013.

[6] 吕斐宜. 我国心理健康教育研究[M]. 广州:中山大学出版社,2016.

[7] 王晓刚,马喜亭. 高校心理健康教育发展研究[M]. 杭州:浙江工商大学出版社,2011.

[8] 冯文广. 高校心理健康教育实证研究[M]. 成都:四川科学技术出版社,2006.

[9] 姚军,张文海. 大学生心理健康辅导理论与实践[M]. 苏州:苏州大学出版社,2016.

[10] 王建中,金宏章. 高校心理健康教育新进展[M]. 长春:吉林人民出版社,2007.

[11] 格桑泽仁. 大学生心理健康教育理论与实践[M]. 成都:四川大学出版社,2009.

[12] 席金京,陈文雯. 大学生心理健康教育[M]. 上海:上海交通大学出版社,2018.

[13] 陈尤. 大学生就业与心理健康指导[M]. 长春:吉林出版集团股份有限公司,2018.